Für meine Familie.

Und für alle Menschen, die mit ihrem Wunsch nach persönlicher Weiterentwicklung zum Wohl der menschlichen Gesellschaft beitragen.

Und für alle, die Intelligenz und Mitgefühl in sich vereinen wollen.

Außerdem für alle, die in ihrer Toleranz Rechtschreib- und Sonstwie-Fehler genießen können.

Torsten Adamski

Wie wir unsere eigene Dummheit stoppen können

Gefühls-Management mit Elefant und Reiter

www.tredition.de

© 2021 Torsten Adamski
1. Auflage

Umschlaggestaltung und Illustration:
Lilia Adamski & Torsten Adamski
Bild von 3D Animation Production Company
auf Pixabay
Verlag: tredition GmbH
Halenreie 40-44
22359 Hamburg

ISBN:
978-3-347-25414-5 (Paperback)
978-3-347-25415-2 (Hardcover)
978-3-347-25416-9 (e-Book)

Bibliografische Information der Deutschen Nationalbibliothek:
Die Deutsche Nationalbibliothek verzeichnet diese Pub-
likation in der Deutschen Nationalbibliografie; detaillier-
te bibliografische Daten sind im Internet über
http://dnb.d-nb.de abrufbar.

Eigene Dummheit stoppen

Inhalt

Vorwort

Als ich das brilliante Buch von Daniel Kahneman SCHNELLES DENKEN, LANGSAMES DENKEN laß, befiel mich nicht nur eine unendliche Dankbarkeit für die fundierten Erkenntnisse, sondern auch der Verdacht, dass die wissenschaftliche Forschungen der experimentellen Psychologie – und sei es von einem der wichtigsten Psychologen und Nobelpreisträger der Wirschaftswissenschaften - nicht ausreichen wird, um unser Selbstverständnis als Mensch in eine neue, intelligente Richtung zu bringen.

Für Kahneman und große Teile seiner Zunft ist es bewiesen, dass der Mensch aus zwei kognitiven Systemen besteht. Trotzdem werden diese Beweise von großen Teilen der Wissenschaft – insbesondere der mächtigen Wirtschaftswissenschaften - weiterhin ignoriert, um mit ihrem absurden Standardmodell des rationalen Homo Oeconomicus bestehende Privilegien zu schützen.

Ich glaube, dass Empörung und Wut auf die unverschämte Borniertheit der etablierten Strukturen notwendig sind, um strukturelle Ungerechtigkeiten kraftvoll zu benennen und damit sichtbar zu machen. Aber ich habe selbst schon zu oft erlebt, dass Empörung und Wut nicht geeignet sind, um positive Veränderungen tatsächlich zu realisieren.

Diese Erfahrungen haben mich darin bestärkt, die Dummheit der Intelligenten in den Fokus dieses Buches zu stellen.

Wie wir unsere eigene Dummheit stoppen können

Sobald man den Begriff DUMMHEIT verwendet, begibt man sich auf dünnes Eis, weil sich immer noch sehr viele Menschen* (*gemeint ist immer: männlich/weiblich/divers) sofort von oben belehrt, angegriffen oder herabgesetzt fühlen.
Aber ist dies gerechtfertigt?

„Ist es wirklich intelligent, ein Buch so anzufangen? Warum kommt nicht erst einmal ein kluger Witz, über einen Dummen, der seinen Schlüssel nur im Licht der Straßenlaterne sucht?"

Der österreichische Intellektuelle ROBERT MUSIL formulierte 1937 das Paradox, „dass jeder, der über Dummheit spricht, voraussetzt, über den Dingen zu stehen, also klug zu sein, obwohl genau diese Anmaßung als Zeichen für Dummheit gilt."
Mit anderen Worten: wer über Dummheit spricht, beweist damit seine eigene Dummheit. Dieser weit verbreitete Tabuisierungsversuch, der natürlich auch auf Musil selbst zutreffen würde, beweist jedoch lediglich, dass intellektuelle Bildung sehr nützlich zur Identifikation von Widersprüchen sein kann, aber nicht unbedingt mit praktischer Intelligenz gleichzusetzen ist.

Die Annahme, dass es überhaupt eine OBJEKTIV FESTSTEHENDE DUMMHEIT geben kann, ist meines Erachtens nicht besonders intelligent. Dummheit braucht immer einen Zusammenhang und ein Ziel, um erkennbar zu werden. Sogar SelbstmörderInnen sind nicht logischerweise der Dummheit zu bezichtigen, denn niemand kann wirklich beurteilen, welchen Qualen sie mit der Tat ein Ende gesetzt haben. Möglicherweise haben sie einen FEHLER gemacht, weil sie aufgehört haben zu

8

kämpfen, zu hoffen und den Sinn ihres Lebens wiederzufinden. Zugegeben, einen unwiderruflichen Fehler.

Aber ist jeder Fehler eine Dummheit?
Dazu eine kleine Geschichte:
Einem alten Pferdezüchter lief sein wertvollster Hengst davon, weil sein Sohn das Gatter nicht ordentlich geschlossen hatte. Der Sohn entschuldigte sich für seine Dummheit, doch der Vater fragte nur: "Woher weißt du, dass dies ein Fehler war?"
Am nächsten Tag kam der Hengst begleitet von einigen Wildpferden zurück, und der Sohn jubelte erleichtert, doch der Vater fragte nur: "Woher weißt du, dass dies ein Glücksfall ist?"
Am übernächsten Tag wurde der Sohn bei dem Versuch, eines der wilden Pferde zu reiten, abgeworfen und brach sich ein Bein. Wieder wollte er sich für seine Dummheit entschuldigen, aber sein Vater fragte nur: "Woher weißt du, dass dies ein Fehler war?"
Kurz darauf kam es zu kriegerischen Auseinandersetzungen, doch da der Sohn verletzt war, wurde er nicht als Soldat eingezogen und überlebte den Krieg.

Diese Geschichte lässt sich endlos weiterführen und wir können wahrscheinlich alle unsere eigenen Varianten erzählen. Selbst ein vermeintlich objektives Scheitern wie in der Schule sitzenzubleiben, kann sehr positive

„Hey, was isst du da?", fragt der eine Pferdezüchter den anderen. „ZauberHafer." antwortet der andere geheimnisvoll. „Und was kann der?" „Die Wissenschaft sagt, der macht dich schlau – willst du auch? Nur 2 Goldstücke für eine Handvoll." Warum eigentlich nicht, denkt sich der andere, zahlt und beginnt den Hafer zu kauen. Auf einmal dämmert es ihm: „Du dreckiger Betrüger! 2 Goldstücke für ein Händchen voll Hafer!" „Wieso? Merkst du es nicht?", entgegnet der andere ruhig, „der Hafer fängt doch schon an zu wirken."

Ergebnisse nach sich ziehen, wie zum Beispiel in der neuen Klasse die Liebe des Lebens zu finden.

Wenn es nur darum gehen würde, wie wir die Dinge zum richtigen Zeitpunkt einordnen, müssten wir nicht weiter über unsere eigene Dummheit nachdenken. Wir brauchen lediglich einen möglicherweise buddhistisch anmutenden Gleichmut und können dem Leben vertrauen. Gelassen, reif, märchenhaft.

> „Verlass dich nicht auf andere – mache deine eigenen Fehler!"
> Manfred Hinrich

Der Alltag der meisten Menschen hat mit dieser Märchenwelt jedoch nichts zu tun. Wir machen Fehler und ärgern uns, manchmal so sehr, dass wir im Zorn sofort den nächsten begehen. Wir tun uns sehr schwer, aus diesen Mustern auszubrechen. Selbst wenn wir nicht einmal sicher sind, dass unsere Taten tatsächlich falsch waren, eilen uns unsere ärgerlichen Gedanken oftmals so kraftvoll voraus, dass wir fast magnetisch in die nächste Katastrophe stolpern.

Auszug aus Wikipedia

Ein **Fehler** ist die Abweichung eines Zustands, Vorgangs oder Ergebnisses von Standards, Regeln oder Zielen, die festgelegt, üblicherweise vorausgesetzt oder verpflichtend sind.

Dummheit bezeichnet die mangelhafte Fähigkeit, aus Wahrnehmungen angemessene Schlüsse zu ziehen beziehungsweise zu lernen. Dieser Mangel kann auf Unkenntnis von Tatsachen, auf mangelhaftem Auffassungs- oder Urteilsvermögen durch Trägheit oder Begrenztheit bei der Kombination der zur Verfügung stehenden Fakten, auf emotionalen Widerstand gegen Einsichten aufgrund der Abhängigkeit von Meinungsbildnern, Weltanschauungen, Parteien oder Religionen beruhen.

Fehler sind also Ergebnisse unserer Entscheidungen und Handlungen, die nach „allgemeingültigen" Gütekriterien als unzureichend oder falsch bewertet werden. Doch Fehler lassen sich nicht vermeiden. Aber Dummheit entsteht aus unserer mangelhaften Fähigkeit, auf unsere Verhaltens-, Denk- und Bewertungsgewohnheiten intelligent zu reagieren. Das bedeutet, WIR sind einzig und allein selbst verantwortlich, ob wir aus unseren Fehlern lernen oder weiter in unserer Dummheit verharren. Und weil wir das irgendwie schon immer geahnt haben, reagieren wir so allergisch auf den Begriff DUMMHEIT.

Der Lehrer sagt: "Alle die glauben ein Idiot zu sein, stehen jetzt bitte auf!" Keiner steht auf. Nach einer Weile steht dann der Klassenbeste auf. Fragt der Lehrer: "Was machst denn du da?" Sagt der Schüler: "Es tut mir leid, Sie hier als Einzigen stehen zu sehen."

Auszug aus Wikipedia
Muster, auch Prototyp genannt, bezeichnet allgemein eine statische Struktur, die durch ihr erneutes identisches Auftreten erkannt wurde. Es ist eine zur gleichförmigen Wiederholung (Reproduktion) bestimmte Denk-, Gestaltungs- oder Verhaltensweise bzw. ein entsprechender Handlungsablauf.

Die Muster unserer Denkgewohnheiten zu erkennen, fällt uns extrem schwer, weil wir sie für richtig und wichtig für unsere Identität als Mensch halten. Und obwohl wir schon so oft erfahren haben, dass eigene Dummheiten durch Rückmeldungen von anderen erkannt werden können, hören wir den anderen trotzdem meistens nicht zu. Wir verteidigen lieber – oftmals selbst wider besseres Wissen - unsere alten Muster, die uns ja immerhin bis hierhin gebracht haben. „So bin ich eben und ich lasse mir von niemandem das Recht nehmen, zu sein wie ich bin. No way! Und im Übrigen – Musil lässt grüßen - sind die Klugscheißer doch noch viel schlimmer als ich und sollten sich um ihre eigenen Dummheiten kümmern." Im Wettbewerb der EGOs die Nase zumindest gefühlt ein ganz kleines bisschen vorn haben zu wollen, ist ein weit verbreiteter Reflex, der allerdings unsere eigene Dummheit immer weiter zementiert.

Doch selbst wenn wir unseren Mitmenschen wirklich zuhören würden, stünde uns die Riesenherausforderung erst bevor. Denn um unsere eigene Dummheit zu stoppen, genügt es nicht, dass wir sie erkennen. Wahre Intelligenz ist die Brücke, die unsere klugen Erkenntnisse (des über den Dingen Stehens) mit unserer gefühlten Betroffenheit (des voll im Leben Stehens) verbindet. Intelligenz wird erst lebendig, wenn wir aus unseren Erkenntnissen Konsequenzen ziehen und Entscheidungen treffen, die etwas Neues in unserem Leben etablieren.

„Hey Junge, was machst du da am Aquarium?"
„Schau mal Papa, wenn ich mit dem Finger an der Scheibe hoch- und runterrutsche, folgen die Fische meinem Finger. Weil eben Organismen mit höherer Intelligenz den Organismen mit niederer Intelligenz ihren Willen aufzwingen können."
Als der Junge kurze Zeit später wieder zum Aquarium schaut, sieht er seinen Vater starr vor der Scheibe stehen, seinen Mund zu einem Oval geformt, einen Moment verharrend, den Mund schließend und wieder von neuem beginnend.

Gönnen wir uns eine weitere kurze Geschichte. Ein sehr zurückhaltendes Mädchen, das offensichtlich lieber auf Nummer sicher geht, hört von ihrer Lehrerin, dass wir alle Fehler brauchen, sonst könnten wir nur das lernen, was beim ersten Mal klappt und wären schon lange ausgestorben. Als sich das Mädchen daraufhin ein Herz fasst und unsicher nachfragt, warum denn fehlerfreie Arbeiten am besten benotet werden, erahnt die Lehrerin plötzlich die Wucht des Widerspruchs. Das Mädchen sieht der Lehrerin ihre Irritation an und fragt leise: „Habe ich jetzt einen Fehler gemacht?"

Wenn sogar irgendetwas ausprobieren schon ein Fehler sein könnte – nur mal kurz hinschauen, den Mund aufmachen, nur mal einen kleinen Schluck probieren, nur mal einen Schritt in eine andere Richtung machen - bleibt die Frage, ob es überhaupt möglich ist, andere Menschen dazu zu bewegen, ihre eigenen Dummheiten TATSÄCHLICH zu verändern. Oder ist diese Ambition schlichtweg ein weiterer Ausdruck meiner persönlichen Dummheit?

> „Wer die Freiheit aufgibt, um Sicherheit zu gewinnen, wird am Ende beides verlieren."
> Benjamin Franklin

Ich habe dieses schmale Buch für all diejenigen geschrieben, die von sich selbst sagen können, dass sie in ihrem Leben (wenigstens teilweise) Wahlfreiheit genießen. Wer hingegen (dummerweise) glaubt, in seinem Leben komplett von Zwängen, Normen oder Traditionen getrieben zu sein oder dem determinierten Schicksal einer höheren Macht folgen zu müssen, dem wird es wahrscheinlich sehr schwer fallen, die nötige Energie und den Mut aufzubringen, um neue Gedanken an sich heran zu lassen und sich für neue Handlungen zu entscheiden.

Chuck Norris liest keine Bücher: er starrt sie so lange an, bis sie ihm freiwillig sagen, was er wissen will.

> „Wenn du die Welt verändern willst, lass dich von mir aus von der teuersten Marketing-Agentur der Welt beraten, aber mach dann genau das Gegenteil!"
> *vielleicht* Dieter Bohlen

Wahlfreiheit beweist uns, dass wir persönlich eine Rolle in dieser Welt spielen. Sei es in den kleinen alltäglichen Momenten, in denen wir entscheiden, ob wir ins Kino oder auf eine Demo gehen, Tofu oder Fleisch essen oder über Fernreisen oder ein neues Fahrrad nachdenken. Oder in den großen, seltenen Momenten, in denen wir uns ernsthaft fragen, wie wir in Zukunft auf diesem wunderbaren Planeten zusammenleben sollten und welche Rolle wir persönlich dabei spielen wollen.

Selbstattestierte Wahlfreiheit mag ein Indiz für einen freien Willen sein, aber erst unser freiwilliges Verstehen und Verändern ist der Beweis für ein intelligentes Leben.

Aber wie steht es mit dem Verhältnis von Freiheit und Intelligenz? Ich habe irgendwie schon zu oft gehört, dass Freiheit bedeutet, eigene Entscheidungen so zu treffen wie man es will, dass man Nein sagen kann, dass man hartnäckig weitermacht und sich selbst treu bleibt – egal, ob das intelligent ist oder nicht. Auf dieser Ebene wird Freiheit zu einem dieser unangreifbaren Monsterbegriffe, die sich jedem intelligenten Diskurs kategorisch entziehen. Doch ein realitätsnaher Freiheitsbegriff, der sich nicht von der Intelligenz bevormunden lassen muss, ist schnell gefunden, denn Freiheit wird laut Wikipedia in der Regel als die Möglichkeit verstanden, ohne Zwang zwischen unterschiedlichen Möglichkeiten auszuwählen und entscheiden zu können. Mit anderen Worten: es geht um nichts anderes als Wahlfreiheit!

> „Freiheit ist das Recht, anderen zu sagen, was sie nicht hören wollen."
> George Orwell

Wenn wir unsere Wahlfreiheit dadurch ausleben, dass wir an unseren Dummheiten festhalten, dass wir Schaden erleben und erzeugen, dass wir unsere Umwelt und uns selbst zerstören, brauchen wir uns nicht zu wundern, wenn über kurz oder lang andere entscheiden, uns unsere Entscheidungsfreiheit wegzunehmen.

Ähnliches wird passieren, wenn wir an unseren alten Entscheidungen festhalten, um bloß nichts Neues auszuprobieren, denn unsere Umwelt verändert sich permanent in zunehmender Geschwindigkeit und es gibt

14

keinen Zaubertrick, mit dem wir die Zeit anhalten oder zurückdrehen können.

Unsere frühen Vorfahren entwickelten ihre Intelligenz, um zu überleben. Aber ist dies in unserer Welt wirklich noch eine verlockende Aufgabenbeschreibung? Heutzutage scheint es uns Privilegierten nicht mehr ums Überleben, sondern nur noch um unser GUTES Leben zu gehen, also maximale Spannung, Bequemlichkeit und Luxus bei minimalem Aufwand und geringsten Verpflichtungen. Aber ist das Leben wirklich gut, wenn es nur noch um meine eigenen Interessen geht? Wenn MEINE Wahl zum Zwang wird, weil niemand anderes in diesem einsamen Spiel dabei ist? Besitzen wir unsere Intelligenz nicht in erster Linie, um sinnvolle Entscheidungen in der Kunst des Zusammenlebens zu treffen? Brauchen wir nicht eine Gemeinschaft, um unserer persönlichen Wahlfreiheit einen Sinn zu geben?

> Die Ehefrau:„Hey, sieh mal der Betrunkene da!"
> Der Ehemann:„Kennst du den etwa?"
> Die Ehefrau:„Ja, mit dem war ich vor 5 Jahren zusammen. Er hat um meine Hand gebeten und ich habe abgelehnt!"
> Der Ehemann: „Unglaublich – und er feiert immer noch!"

Wer also weiter darauf wartet, dass ihn die Umstände und Dynamiken endlich dazu zwingen, sich verändern zu müssen, verspielt die Chance, seiner eigenen Dummheit einen Schritt voraus zu sein.

Teil 1:
Intelligenz und Dummheit

Gemeinhin wird zwischen Leben und intelligentem Leben unterschieden. ALLE Menschen sind intelligente Wesen! Aber was wir unter Intelligenz genau verstehen und wie wir sie ausleben, sind die entscheidenden Fragen, um die großen Themen wie Gerechtigkeit, Gleichberechtigung, Umweltschutz und persönliches Glück auf diesem wunderbaren Planeten zu meistern.

Alle Menschen sind intelligente Wesen. Es gibt also keine dummen Menschen, sondern nur Menschen, die sich manchmal oder oftmals dumm verhalten und solche, die damit auf Teufel komm raus immer weitermachen wollen.

Die akademische Intelligenzforschung hat sich in den letzten Jahrzehnten unglücklicherweise überwiegend damit beschäftigt, wovon unterschiedliche Intelligenzpotenziale abgeleitet werden könnten und wie man die Unterschiede mit einer einzigen Kennzahl messen kann.

Sich darauf zu fokussieren, inwieweit unser genetisches Erbe oder unsere Umwelt dafür verantwortlich ist, dass wir bei fragwürdigen Intelligenz-Tests gut oder schlecht abschneiden, ist kein besonders intelligenter Umgang mit diesem extrem wichtigen Thema. Nichtsdestotrotz wird seit über 100 Jahren von akademischer Seite dafür gesorgt, Intelligenz auf die kognitiv-mathematischen Anwendungsinteres-

Die Tochter: „Du Papa, meine Intelligenz habe ich von dir."
Darauf der Papa: „Das freut mich ja sehr, dass du das sagst, aber wie kommst du denn darauf?"
„Na, die Mama sagt, sie hat ihre noch!"

sen einer zumeist pigmentschwachen und männlichen Wirtschaftselite zu beschränken.

Seit einigen Jahren gibt es neue Strömungen, die sich die Erforschung der emotionalen, sozialen oder ganzheitlichen Intelligenz auf die Fahne geschrieben haben. Diese Projekte machen Mut und gehen sicherlich in die richtige Richtung, wenngleich sie hinsichtlich ihrer weitgehend subjektiven Empirie und schwierigen Beweisbarkeit einen schweren Stand in dem immer noch überraschend engstirnigen und von persönlichen Eitelkeiten getriebenen Wissenschaftsbetrieb haben. Globale Digitaltrends könnten hier Abhilfe schaffen, wenn die schiere Menge der weltweiten Forschungsimpulse in den Griff zu kriegen wäre.

„Wie stellen Sie eigentlich fest, ob jemand intelligent ist?"
"Ganz einfach. Wir führen die Testperson in ein Zimmer, in dem sich eine Badewanne voll Wasser, ein Eimer, eine Kaffeetasse und ein Teelöffel befinden. Dann soll sie entscheiden, wie sie die Wanne am besten leert."
„Ah, verstehe. Und die Klugen nehmen natürlich den Eimer."
"Nein - die wirklich Intelligenten ziehen den Stöpsel."

Gleichzeitig steigt seit einigen Jahren die Globale Dummheit durch die manipulative Qualität der digitalen Kommunikations-Strukturen (Buchtipp: **Jaron Lanier**: ZEHN GRÜNDE, WARUM DU DEINE SOCIALMEDIA-ACCOUNTS SOFORT LÖSCHEN MUSST!) schnell und heftig an. Das Digitalverhalten vieler User ist ein gutes Beispiel dafür, wie schwer es ist, selbst erkannte Beteiligungen an konkreten Aspekten der Schwarmdummheit (wie Datennaivität, Fakebewertungen, Hate-Kommunikation u.a.) zu verändern. Grundsätzlich gilt nach wie vor: bei eigener Betroffenheit sinkt unsere Intelligenz leider tendenziell gegen null.

Wer über Intelligenz nicht nur global lamentieren, sondern sie ganz praktisch leben will, sollte sich als erstes mit seiner eigenen Dummheit beschäftigen. Hier liegt das Entwicklungspotential, von dem wir gerade aufgrund unserer eigenen Betroffenheit sofort persönlich profitieren können. Und hier liegt auch unsere persönliche Verantwortung.

Lebendige Intelligenz

Intelligenz (*von lateinisch intellegere: erkennen, einsehen, verstehen; wörtlich „wählen zwischen ..."*) bezeichnet die Fähigkeit, Problem erzeugende Denk-, Berwertungs- und Verhaltensmuster zu **erkennen** und zu **verändern**. Gelebte Intelligenz entsteht demnach nur, wenn beide Komponenten zum Tragen kommen. Wer viel versteht und wenig verändert, steht möglicherweise nicht besser da als jemand, der relativ wenig versteht, aber davon sehr viel verändert. Dummheit beschreibt den aktuellen Mangel an Intelligenz. Auch hier gibt es dementsprechend zwei Ebenen: Mangel an Verstehen durch Unwissenheit, Falschinformationen oder Fehlinterpretationen auf der einen und Mangel an Gestaltungs- und Veränderungs-Konsequenz auf der anderen Seite.

> „Seine eigene Dummheit zu erkennen mag schmerzlich sein. Keinesfalls aber eine Dummheit."
>
> Oliver Hassenkamp

Dummheit oder Intelligenz zeigen sich beim einzelnen Individuum, können jedoch auch in der Familie, im Team oder in der Organisation, also im Schwarm herrschen.
Die Annahme, dass der Schwarm in erster Linie Intelligenz erzeugt, trifft sicherlich bei einfacheren Lebensformen wie Insekten, Fischen, Vögeln und Säugetieren zu. Die Wahrscheinlichkeit, dass Menschen im Schwarm

intelligentes Verhalten erzeugen, ist jedoch erschreckend gering.

Gunter Dueck vertritt in seinem sehr wertvollen, aber auch frustrationsverstärkenden Buch SCHWARM-DUMM – SO BLÖD SIND WIR NUR GEMEINSAM! die These, dass nur ein kleiner Bruchteil der Schwarmaktivitäten tatsächlich intelligente Ergebnisse erzeugt. Wer selbst Erfahrungen in der Organisations- oder Personalentwicklung von Unternehmen gemacht hat, kann dies wahrscheinlich bestätigen.

Der Ausweg aus der Schwarmdummheit ist oftmals von den Beteiligten selbst nicht zu erkennen, denn bei eigener Betroffenheit sinkt der IQ auch im Team gegen null. Und die daraufhin häufig „von oben" verordneten Maßnahmen führen in der Regel nur zu mehr Schwarmdummheit und verbrennen noch mehr Zeit, Motivation, Energie und Geld.

Chef zu den Mitarbeitern: „Ich habe beschlossen, Ihnen allen mehr Verantwortung zu übertragen. Von heute an sind Sie für alles verantwortlich, was schiefläuft."

Der Erfolgsfaktor für Schwarmintelligenz

Das Beispiel **WIKIPEDIA** führt uns zur wichtigsten Vorraussetzung für die Entstehung von Schwarmintelligenz. Diese dynamische Online-Abbildung des menschlichen Wissens konnte nur deshalb in kürzester Zeit mit so wenig Ressourcen realisiert werden, weil **die Aktivisten von Anfang an hochmotiviert waren**, eine für alle verfügbare, werbefreie und mitgestaltbare Enzyklopädie aufzubauen.

Dieser Erfolgsfaktor lässt sich auch auf Organisationen, Teams oder Familien übertragen. Nur wenn ALLE Anfangs-Beteiligten WIRKLICH Lust haben, ein neues Projekt oder eine konkrete Veränderung zu realisieren, entstehen schnell qualitativ hochwertige Zwischenergebnisse, die wiederum andere mitreißen.

Wenn erfolgreiche Schwarmintelligenz von der Anfangs-Motivation abhängt, was bedeutet das für uns im Umgang mit unserer persönlichen Dummheit?
Wir brauchen VORFREUDE, um unsere eigenen Dummheiten stoppen zu können! Jippie - ein neuer Tag, eine neue Chance, um eine weitere Facette meiner persönlichen Dummheit zu erkennen und zu verändern! Und jedes Mal, wenn wir ein Muster erfolgreich erkannt haben, sollten wir innerlich (und vielleicht auch äußerlich) dankbar jubeln, weil wir mit der Beseitigung einen konkreten Beweis für unser Dasein als intelligentes und für den Planeten wertvolles Wesen liefern werden.

> „Es gehört oft mehr Mut dazu, seine Meinung zu ändern, als ihr treu zu bleiben."
> Friedrich Hebbel

Doch wer tut das schon? Haben wir nicht alle ausgiebig gelernt, dass Fehler und Unzulänglichkeiten Grund zur Scham und für Selbstvorwürfe sind? Dass Vertuschung und Schuldzuweisung auf andere viel effektivere Strategien sind, um sich im EGO-Schwarm erfolgreich zu positionieren? Dass Irren menschlich sei, aber persönliche Eitelkeit und die Ablehnung von Verantwortung eben auch? Dass die Natur des Menschen einfach unergründlich ist und wir uns demütig damit abfinden sollten, um nicht aus dem Schwarm rauszufliegen?

Was wir über die Natur des Menschen und damit auch über uns persönlich glauben, ist die Quelle jeglicher Dummheit. Unser Menschenbild bestimmt, wie wir mit uns selbst und mit unseren Mitmenschen umgehen. Souveränität und bewusste Kontrolle, bloß keine Fehler machen und niemals dumm dastehen, damit wir jeder-

> „Ich kann freilich nicht sagen, ob es besser werden wird, wenn es anders wird; aber so viel kann ich sagen: es muss anders werden, wenn es gut werden soll."
> Georg Christoph Lichtenberg

zeit für unsere Traumchance bereit sind, die uns bestimmt irgendjemand irgendwann anbieten wird! BULLSHIT! Lasst uns endlich aus dieser Illusion aufwachen und unsere Lebenszeit selbst in die Hand nehmen.

Hin und wieder erahnen wir unsere eigenen Dummheiten durch Beobachtungen an unseren Mitmenschen. Meist verlieren wir dann aber schnell unsere Ambitionen, sie WIRKLICH ändern zu wollen, weil uns diese kleinen, aber verdammt anstrengenden Heldentaten neben den gewaltigen Schwarmdummheiten auf unserem Planeten wie kleinste Tröpfchen auf dem heißen Fels anmuten. Diese Haltung ist verständlich, aber leider nicht intelligent, sondern nur ein weiteres Phänomen unserer ungewollten Beteiligung an der globalen Schwarmdummheit. Denn selbst der größte Ozean besteht auch nur aus kleinen Tropfen.

Jede Schwarmdummheit wird von vielen Menschen auf dem ganzen Planeten in ihrem täglichen Leben mit Energie versorgt. Hinter den Fassaden von uralten und ganz neuen Gedanken, Institutionen und Organisationen glauben viele Beteiligte, nur Anweisungen und Befehle zu befolgen, ihren Job zu machen, um ihre Familien zu ernähren und ihren Kindern ein gutes Leben zu ermöglichen. Jede noch so gut argumentierte Anmerkung wird in der Regel als Vorwurf und nicht als Geschenk empfunden und verhärtet die Fronten weiter.

Meistens reagieren wir auf Dummheit mit Dummheit, die weitere Dummheit nach sich zieht.

Zwei Experten sind mit dem Fahrrad unterwegs. Einer steigt ab und fängt an, die Luft aus seinen Reifen zu lassen. „Was machst du?", fragt der andere. „Mein Sattel ist zu hoch!" Daraufhin steigt der andere ebenfalls ab und tauscht den Sattel mit dem Lenker aus. „Und was machst du denn jetzt?" „Du bist mir zu blöd, ich fahre allein zurück!"

Dieses Reaktionsmuster auch bei uns selbst zunächst einmal zu akzeptieren, verringert unsere Anfangsempörung und wir können dadurch auch unsere eigenen Lernfelder besser verstehen.

Im Gegensatz zum Konfliktfall wäre die eigene Dummheit im entspannten Modus relativ einfach zu erkennen, weil wir ja als intelligente Wesen aus den eigenen Fehlern lernen wollen, um diese nicht permanent wiederholen zu müssen.
Eigene Denk-, Bewertungs- und Verhaltensmuster aus eigenem Antrieb zu verändern, ist jedoch nur möglich, wenn wir schon VORHER – also vorausschauend - bereit sind, das Hamsterrad unserer Gewohnheiten verlassen zu WOLLEN. Sonst laufen wir Gefahr, alle Argumente und Anzeichen des Missstandes zu verdrängen und unser Verharren kreativ zu rechtfertigen.

Wir sind zwar intelligente Wesen, aber wir entwickeln uns nur weiter, wenn wir uns nicht von unserer eigenen Dummheit aufhalten lassen, weil wir ihr einen Schritt voraus sind. Um unsere tatsächlichen Möglichkeiten im Umgang mit uns selbst und unserer Dummheit zu erkennen und zu verwirklichen, benötigen wir zunächst ein intelligentes Menschenbild.

Teil 2
Schwarmdummheit Menschenbild

Auszug aus Wikipedia:
MENSCHENBILD ist ein in der philosophischen Anthropologie gebräuchlicher Begriff für die Vorstellung, die jemand vom Wesen des Menschen hat. Insofern der Mensch Teil der Welt ist, ist das Menschenbild auch Teil des Weltbildes. Das eigene Menschenbild gilt häufig als so selbstverständlich, dass es kaum in Frage gestellt oder mit anderen Sichtweisen verglichen wird.

Der Wikipedia-Artikel zum MENSCHENBILD erstreckt sich gefühlt über 30 Seiten und hat fast 300 Links. Diese Infosammlung ist ein großartiges Geschenk an uns alle. Sie bietet genug Futter, um damit den Rest unseres Lebens ins Studium gehen zu können.

> „Die Natur betrügt uns nie. Wir sind es immer, die wir uns selbst betrügen."
>
> Jean-Jaques Rousseau

Doch merkwürdigerweise wird mit keinem Wort erwähnt, was jeden Menschen jeden Tag, jede Minute, sogar jede Sekunde wirklich ausmacht. Das Wesen des Menschen wird davon bestimmt, **dass wir GLEICHZEITIG aus einem bewussten und einem unbewussten Teil bestehen, die permanent Informationen auf unterschiedliche Arten verarbeiten.**
Wir wissen das – eigentlich. Wir tun ständig Dinge, die uns nicht bewusst sind, während unser Bewusstsein mit anderen Themen unterwegs ist. Und wir beobachten jeden Tag andere, wie sie Dinge tun, die ihnen nicht bewusst sind, weil ihr Bewusstsein gerade mit etwas anderem beschäftigt ist. Aber obwohl wir dies jeden Tag er-

leben, wollen wir weiterhin daran festhalten, dass wir ein ICH sind. Ist das intelligent?

Die Schwarmdummheit des ICH-Sein-Wollens

Wir sehen amüsiert zu, wie jemand vor laufender Kamera einen Geruchstest seiner Genitalien macht, ohne es selbst zu bemerken. Wir wundern uns, dass wir aus Gewohnheit den Autoschlüssel ins Lenkradschloss stecken wollen, obwohl das neue Modell einen Startknopf hat. Wir sind peinlich berührt, weil wir unsere Tochter nach dem langjährigen Freund gefragt haben, obwohl wir eigentlich wissen, dass sie schon seit Wochen getrennt sind. Wir ärgern uns, dass wir das Tennismatch gegen den Youngster verloren haben, weil wir nicht merken, dass wir immer noch an unserer Leistungsfähigkeit von vor 20 Jahren festhalten. Wir versuchen mit viel Ellenbogeneinsatz Menschen zu übertrumpfen, um andere Menschen zu beeindrucken, mit denen wir eigentlich gar nichts zu tun haben wollen. Wir spüren den schmerzhaften Neid auf die prominenten Geldscheffler und opfern unsere Lebensqualität, um selbst dem großen und schnellen Geld hinterher zu hecheln, obwohl wir wissen, dass sich noch niemand sein Glück erkaufen konnte.

"Warum kratzen Sie sich ständig?", frag der Chefarzt seiner Patienten "Weil ich der einzige Mensch auf der Wel bin, der weiß wo' mich juckt!"

Wir nehmen all das wahr, sehen aber nicht die Bedeutung für unser Leben. Weil wir von klein auf an nichts anderes gelernt haben, bleiben wir einfach stur entschlossen, ein souveränes, möglich bedeutsames ICH sein zu wollen, obwohl wir damit vollkommen unnötig extrem störende Emotionen und fiese Schmerzen verursachen und erleben. Wir trösten uns mit allerlei Substanzen, Süchten und Ablenkungen, flüchten uns in unsere Arbeit, den Konsum und das Heilversprechen eines nie endenden Lebens in Luxus. Wir kneifen jeden Tag die Arschbacken zusammen, **anstatt endlich unsere geniale Natur als Doppelsystem zu erkennen und zu nutzen.**

ALLES was wir wahrnehmen, fühlen, denken und tun, wird von unserem Umgang mit uns selbst beeinflusst. Wenn wir uns selbst ablehnen und uns vorwerfen, dass wir faule, hässliche, böse oder feige Sünder sind, werden wir mit unseren Bedürfnissen und der Welt eine ganz andere Beziehung aufbauen als wenn wir uns in unserer Haut wohl fühlen. Ob wir uns wohl fühlen oder ablehnen, hängt wiederum stark von unserem Menschenbild ab. Sehen wir uns im alternativlosen Überlebenskampf mit all den anderen bösartigen und gierigen EGOs und werten uns weiterhin gegenseitig bei jeder Gelegenheit für unsere sündhafte Faulheit, Hässlichkeit und Feigheit ab oder erkennen wir uns als soziale Wesen, deren Erfolge auf Neugierde, Unterschiede, Kooperation und gemeinsame Weiterentwicklung beruhen?

> „Alle bösen Menschen kommen in die Hölle, außer mir, da habe ich leider Hausverbot!"
> unbekannt

Uns im EGO-Wettbewerb zu sehen ist einfach, weil der Mainstream uns dafür ständig Futter gibt. Allerorts gibt es sinnlose Vergleiche, Rankings und Charts, die uns dazu anfeuern, alles in Kauf zu nehmen, um ganz oben als Sieger auf dem Treppchen zu stehen. Schwachsinnige Slogans wie „the winner takes it all" heizen unsere Schwarzweiß-Sicht an und selbst als Zweiter glaubt man schon zu den Verlierern zu gehören. Wenn wir hingegen an die Macht der Kooperation glauben WOLLEN, müssen wir uns starke und überzeugende Beweise selbst beschaffen.

Aber beweist uns das Leben mit seinen grausamen und gierigen Protagonisten nicht ständig, dass der Mensch einfach ein böses Wesen ist, das hinter der Fassade der Zivilisation auf seine Gelegenheit im Kampf ums Überleben lauert?

Rutger Bregman hat in seinem Buch IM GRUNDE GUT die wesentlichen Argumente dieser Fassadentheorie recherchiert und überzeugend pulverisiert. Die große Mehrheit der Menschen reagierte in historischen Krisen und Katastrophen überraschend solidarisch und kooperativ. Die scheinbar wissenschaftlichen Beweise der Befürworter der Fassadentheorie waren weitgehend manipuliert und wollten mit dem Bild der lauernden Bestie in uns die Kontrollmechanismen des Law and Order-Ansatzes rechtfertigen.

Auch der Neurobiologe **Joachim Bauer** hat 2006 in seinem Buch PRINZIP MENSCHLICHKEIT dargestellt, dass schon Darwin erkannt hatte, dass die Kooperation der Regelfall in der Evolution ist und der Kampf nur in Ausnahmen zum Erfolg führt.

Nun müssen wir akzeptieren, dass Forschungsstudien und Bücher – egal, wie gut und von wem geschrieben, immer widersprüchlich oder sogar gegenteilig interpretiert werden können. Es bleibt also in unserer eigenen Verantwortung, überzeugende Beweise für die herausragende Bedeutung der Kooperation in unserem Leben zu finden.

„Der Nachteil der Intelligenz besteht darin, dass man ununterbrochen gezwungen ist, dazuzulernen."
George Bernard Shaw

Gehen wir deshalb den stärksten Weg zur Erkenntnis - unsere eigene Erfahrung.

Um die Tragweite unserer praktischen Kooperation als Doppelsystem zu verstehen, schauen wir einmal genau hin, was gleichzeitig passiert, während wir diese Zeilen lesen.

Unsere bewusste Aufmerksamkeit fokussiert auf die Buchstabenreihen, während unser Unbewusstes blitzschnell die Bedeutung der Wörter und Sätze entschlüsselt und mit unseren Erfahrungen und gespeicherten Informationen abgleicht.

Gibt es Aussagen, die nahtlos zu unserem aktuellen Mindset – also zu unseren bestehenden Denkgewohnheiten passen, fühlen wir uns möglicherweise angenehm bestätigt. Gibt es zu viele Aussagen dieser Art, könnte es sein, dass wir uns unangenehm langweilen und das Buch weglegen.

Wenn Aussagen zu oft und zu weit weg von unserem aktuellen Mindset liegen, wird diese unangenehme Belastung auch zum Abbruch führen, weil zu viel Energie für Verständnisbrücken zu diesen „sinnlosen oder irrwitzigen Spinnereien" aufgebracht werden müsste.

Nur wenn wir uns ausreichend gut fühlen, kann unser Bewusstsein in seiner vergleichsweise langsamen Geschwindigkeit parallel über den neuen Input und mögliche Konsequenzen für unser Leben nachdenken. Aber würde unser Unbewusstes während des Lesens irgendein Alarmsignal wie ungewohnten Lärm oder den Geruch von Verbranntem wahrnehmen, würden wir unseren bewussten Fokus auf unsere kreative Reflexion sofort verlieren, denn unsere persönliche Sicherheit rangiert immer vor der Möglichkeit, neue Erkenntnisse zu gewinnen.

Wir sehen also, dass unser kleines, langsames Bewusstsein mit seinem sehr begrenzten Fassungsvermögen nur den besonderen Anfangsfokus unserer Wahrnehmung bestimmt, während unser riesiges Unbewusstes die kognitiven Abläufe der Informationserkennung, Einordnung und Bewertung übernimmt. Mit anderen Worten:

Wahrnehmungen sind fast so schnell wie das Licht, aber Chuck Norris ist schneller.

der Großteil unserer kognitiven Tätigkeiten sind Denkgewohnheiten, die in extremer Geschwindigkeit vollkommen unbewusst ablaufen.

Gleichzeitig sorgt unser Unbewusstes durch Millionen von automatisierten Entscheidungen genialerweise auch noch für unsere körperliche Stabilität (Atmung, Nervensystem, Motorik, Verdauung, Immunabwehr usw.), um einen Energieüberschuss zu erwirtschaften. Nur dann bekommt unser Bewusstsein die Energie, um zum Beispiel das Gelesene zu reflektieren. Wenn wir krank oder in Gefahr sind, werden wir uns nur mühsam bewusst auf etwas Neues konzentrieren können, weil unser Unbewusstes unsere gesamte Energie zur Heilung oder Gefahrenabwehr einsetzen will.

„Liebes Gehirn, lerne schnell den Unterschied zwischen Hunger und Langeweile – ich werde fett!"
unbekannt

Wahrnehmungen und Empfindungen treten oft in unser Bewusstsein, ohne dass wir uns dafür entschieden haben. Unsere Denk- und Bewertungsgewohnheiten laufen so schnell ab, dass wir meistens erst nach unseren Gedanken verstehen, was wir gerade gedacht haben. In Krisen- oder Stresssituationen zeigen wir oftmals sogar Verhaltensweisen, die wir gar nicht erinnern. Trotzdem tun immer noch viele Menschen so, als wenn es kein Unbewusstes gibt und verkünden, dass sie ein souveränes, bewusstes EGO sind, das lediglich hin und wieder ein paar persönliche Merkwürdigkeiten oder Marotten fabriziert. Wenn ihre Umwelt ihnen spiegelt, dass der Großteil (weit über 90 %) unseres Denkens, unserer Kommunikation und Entscheidungen von unseren unbewussten Strukturen bestimmt werden, wird dies meistens komplett ignoriert oder empört abgewehrt.
Doch mit dieser Ignoranz vertieft sich der

„Ich habe es nicht nötig, mich dumm zu stellen!"
Wilhelm II

28

innere Graben immer weiter und erhöht massiv die Empfänglichkeit für intrapersonale Krankheitsbilder wie Burn-Out oder Depressionen. Die erschreckend hohe Schätzung, dass inzwischen über 20% der Menschen in Deutschland den funktionierenden und heilsamen Kontakt zu sich selbst verloren haben und sich chronisch selbst im Wege stehen, sollte uns alle aufhorchen lassen.

Natürlich haben die Reizüberflutung und die Geschwindigkeit der persönlichen und gesellschaftlichen Entwicklungsdynamiken erheblich zugenommen, aber der entscheidende Faktor zur Steigerung unserer persönlichen Resilienz ist und bleibt ein intelligenter und wertschätzender Umgang mit uns selbst.

Auszug aus Wikipedia:

„Resilienz oder psychische Widerstandsfähigkeit ist die Fähigkeit, Krisen zu bewältigen und sie durch Rückgriff auf persönliche und sozial vermittelte Ressourcen als Anlass für Entwicklungen zu nutzen. Mit Resilienz verwandt sind Entstehung von Gesundheit, Widerstandsfähigkeit, Bewältigungsstrategie und Selbsterhaltung."

Es ist verständlich, dass wir uns schwer tun, uns mit unserem unbewussten Anteil identifizieren zu WOLLEN, solange wir nicht glauben, dass wir unser Unbewusstes positiv beeinflussen können.
Unsere Träume werden die meisten von uns wahrscheinlich auch in Zukunft nicht beeinflussen können, außer sie widmen sich intensiv der Disziplin des luziden Träumens (Buchtipp: **Stephen LaBerge**: HELLWACH IM TRAUM).
Aber im Wachzustand die Tatsache seiner Existenz zu akzeptieren und einen kooperativen Umgang mit unse-

rem Unbewussten zu leben, ist für uns alle leicht möglich. Dafür brauchen wir lediglich ein Bild, das uns den Kontakt ermöglicht, den Nutzen der Kooperation verdeutlicht und uns ein sicheres Gefühl bei unserem persönlichen Upgrade vom ICH zum WIR gibt.

Die überholte Metapher Kopf oder Bauch

Die meisten Menschen behaupten zunächst, dass sie keine Metapher für den Umgang mit sich selbst haben. Auf Nachfrage bekennen sich viele dazu, dass sie KOPF ODER BAUCH benutzen, allerdings nur, wenn es unbedingt sein muss. Doch dieses alte Bild passt nicht mehr zu den wissenschaftlichen Erkenntnissen der letzten Jahrzehnte und hat oftmals sogar eine schädliche Wirkung. Der Kopf ist nicht mehr gleichzusetzen mit unserem Bewusstsein, da der überwiegende Teil unserer Gehirntätigkeiten unbewusst ablaufen. 97% sind Denkgewohnheiten, die so schnell ablaufen, dass wir keinen bewussten Einfluss haben, solange wir sie nicht ganz gezielt erkennen und mit viel Energieeinsatz verändern WOLLEN.

„Wir dürfen jetzt nur nicht den Sand in den Kopf stecken!"
Lothar Matthäus

Denkgewohnheiten, wie auch alle anderen Gewohnheiten, sind grundsätzlich eine geniale Erfindung der Evolution, weil sie stabile Standards erzeugen und viel Energie und Zeit sparen. Doch Denkgewohnheiten, die nicht mehr zutreffen, sind die wesentliche Ursache unserer persönlichen Dummheit, weil sie uns permanent zu unpassenden Bewertungen, Entscheidungen und Verhaltensweisen führen.

KOPF ODER BAUCH spiegelt außerdem den Zeitgeist des gnadenlosen Konkurrenzkampfes der vergangenen

Jahrhunderte wider und betoniert damit den **inneren Konflikt.** Wer setzt sich durch? Wer trifft die besseren Entscheidungen? Wer gewinnt den Krieg? Diese Perspektive ist aus intelligenter Sicht nicht mehr haltbar, denn es kann in unserem inneren Zusammenspiel zwischen Bewusstsein und Unbewussten nur um **Kooperation** gehen, sonst verlieren wir auf jeden Fall.

Gelebte Kooperation mit Elefant und Reiter*
(* immer auch Elefantin und Reiterin :)

Als intelligente Alternative hat sich das Bild vom **kleinen bewussten Reiter** und dem **großen unbewussten Elefanten** bewährt. Der Elefant kann den Baumstamm mühelos tragen, aber weiß nicht, wo er hinsoll. Der Reiter sieht, wo der Baumstamm in Zukunft Sinn macht, aber er kann ihn allein nicht einen Zentimeter bewegen. Beide sind voneinander abhängig und nur wenn sie sich gegenseitig wertschätzen und im Dialog auf AUGEN-HÖHE kooperieren, werden sie ihre Ziele erreichen.

Die folgende Grafik bildet die Kernkompetenzen des bewussten Reiters und des unbewussten Elefanten zwischen den **Säulen der Evolution** ab. Jedes Wesen muss so stabil wie möglich organisiert sein, um das Überleben und die Fortpflanzung zu sichern. Gleichzeitig muss es auch so innovativ wie nötig sein, um sich an die sich ständig verändernde Umwelt anpassen zu können.

Klingelt ein junger Schornsteinfeger an einer Tür. Eine alte Oma im kurzen Kleid öffnet und zeigt ihm verwegen lächelnd das Tattoo eines Frosches auf ihrer Brust. Oma verführerisch: „Wenn du errätst, was das für ein Tier ist, darfst du mit mir ins Bett!" Schornsteinfeger verlegen: „Das... das ist ein Elefant!" Oma: „Naja, das können wir gerade noch so gelten lassen!"

Innere Kooperation
zwischen Elefant und Reiter

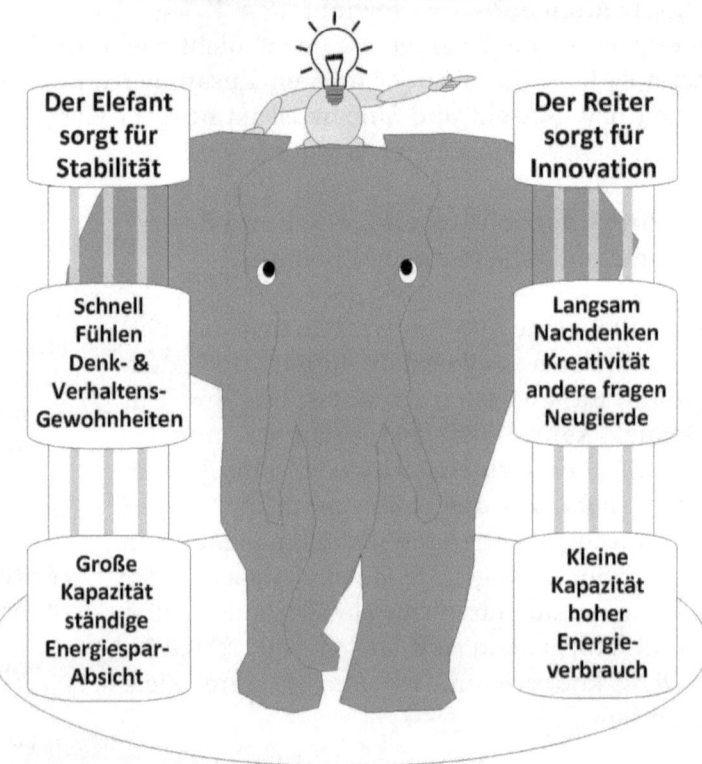

Der Elefant sorgt für Stabilität

Der Reiter sorgt für Innovation

Schnell
Fühlen
Denk- &
Verhaltens-
Gewohnheiten

Langsam
Nachdenken
Kreativität
andere fragen
Neugierde

Große
Kapazität
ständige
Energiespar-
Absicht

Kleine
Kapazität
hoher
Energie-
verbrauch

Theoretisch stehen sich **Stabilität** („Du sägst an mir!")
und **Innovation** („Du bremst mich aus!") un-
vereinbar gegenüber. Mit jeder Entweder-
oder-Entscheidung verschärft sich der
Konflikt, aber als Doppelsystem können wir
die widersprüchlichen Motive gleichzeitig
leben, ohne davon zerrissen zu werden.

Die entscheidende Innovation als Doppelsystem ist die **Gleichzeitigkeit**. Wir sind also

„Das Schwierigste
am Leben ist es, Her
und Kopf dazu zu
bringen, zusammen
zuarbeiten. In mei
nem Fall verkehre
sie noch nicht ma
auf freundschaftli
cher Basis."
Woody Alle

nicht mal bewusst und dann wieder unbewusst, sondern verarbeiten gleichzeitig Informationen auf zwei Wegen. Der Elefant nimmt permanent unfassbar viele Reize auf und prüft blitzschnell, ob sie die Stabilität begünstigen oder gefährden. **Währendessen** reflektiert der Reiter über eine Handvoll Themen und sucht gezielt nach innovativen Optimierungen für unser Leben.

Vom IQ zum WQ

Wir verbrachten die ersten Monate unserer Existenz in der Gebärmutter als Teil eines fest verbundenem WIR. Nach unserer Geburt erwachte unser bewusster Reiter mit jedem Atemzug mehr und verstand über unsere zunehmend verbesserte Wahrnehmung unsere Wirkung auf unsere Umwelt. Irgendwann erkannte er, dass wir auch unabhängig von unserer Mutter eine Bedeutung in unserem Schwarm erlangt hatten. Wir waren niedlich und süß, manchmal auch laut und lästig und bauten Beziehungen und Freundschaften auf. Später suchten wir immer seltener - außer in Krisen - zuflucht bei ihr. Wir durchliefen jahrzehntelang ein extrem intensives, scheinbar alternativloses Training, um uns als bedeutsames ICH zu verstehen, das funktionieren und in der Gemeinschaft einen möglichst bedeutsamen Platz finden soll.

„Unsere Eltern ruinieren die erste Hälfte unseres Lebens, unsere Kinder die zweite."
Tony Parsons

Ist es wirklich intelligent, dass wir trotz allen Nebenwirkungen wie der tückischen Ellenbogengesellschaft, der daraus oftmals entstehenden entfremdeten Arbeit, der zunehmenden Einsamkeit und der Vielzahl an psychischen Störungsbildern immer weiter an dieser fundamentalen Schwarmdummheit der ICH-Identität festhalten und jeden Tag weiterhin mühsam versuchen, zu ignorieren, dass wir ein WIR sind?

Im Zuge des Individualismus wurde der Fokus auf das bedeutsame EGO in den letzten Jahrzehnten derart überspitzt, dass sich die meisten Menschen gar keine Alternative mehr vorstellen können, obwohl es wohl kaum einen Menschen auf diesem Planeten gibt, der wirklich in letzter Konsequent ein vollkommen unabhängiges ICH sein WILL. Wir alle brauchen vertrauensvolle Beziehungen zu anderen Menschen für ein gelingendes Leben. Der sich immer weiter verbreitende Irrglaube, als Einzelschwarm ein erfülltes Leben führen zu können, ist nicht nur Ausdruck reinster Dummheit, sondern auch ein untrügliches Zeichen, dass sich etwas verändern muss. Und diese Veränderung kann nur mit unserer persönlichen Entscheidung anfangen.

> Fragt ein katholischer Pfarrer seinen Kollegen: „Meinst du, wir erleben noch, wie das Zölibat abgeschafft wird?" „Wir nicht, aber vielleicht unsere Kinder."

Als **Doppelsystem** können wir unsere Denk-, Bewertungs- und Verhaltensgewohnheiten mühelos hinterfragen und verändern. Wir können unsere Gefühle verstehen und sinnvoll beeinflussen. Wir können gute Entscheidungen treffen, die sich auch gut anfühlen. Wir können die Andersartigkeit unserer Mitmenschen verstehen, wertschätzen und es genießen, mit ihnen gemeinsam Herausforderungen zu meistern. Bevor wir uns diesen Vorteilen in der Praxis widmen, schauen wir uns noch einmal den größeren Zusammenhang an.

Unser Weltbild
Mit Elefant und Reiter können wir auch die Welt und die Entstehung unserer Realität ganz anders verstehen.

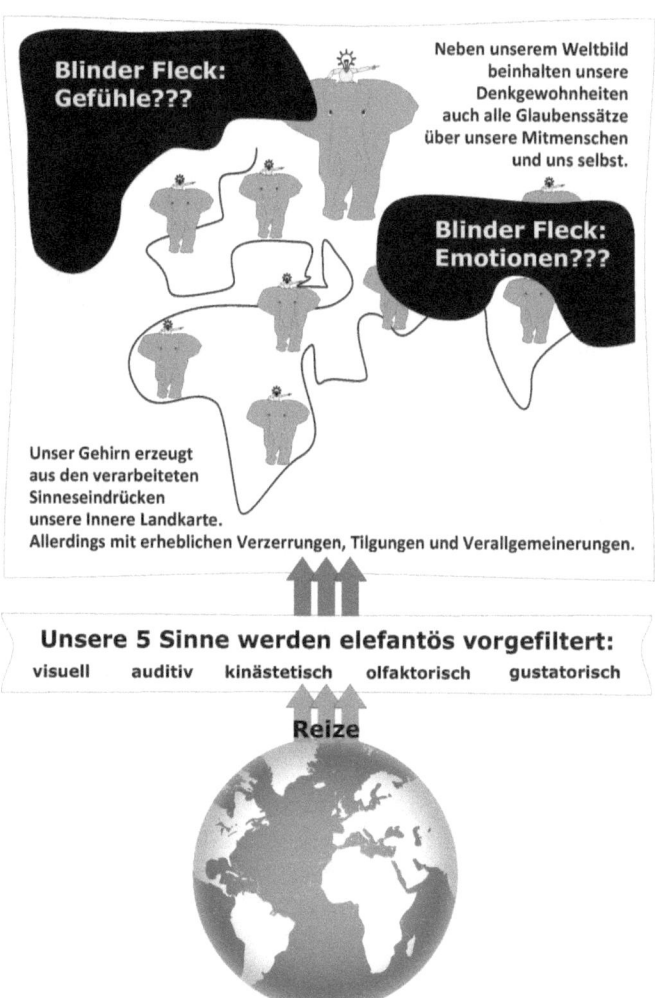

Die Entstehung unserer Realität

Blinder Fleck: Gefühle???

Neben unserem Weltbild beinhalten unsere Denkgewohnheiten auch alle Glaubenssätze über unsere Mitmenschen und uns selbst.

Blinder Fleck: Emotionen???

Unser Gehirn erzeugt aus den verarbeiteten Sinneseindrücken unsere Innere Landkarte. Allerdings mit erheblichen Verzerrungen, Tilgungen und Verallgemeinerungen.

Unsere 5 Sinne werden elefantös vorgefiltert:

visuell   auditiv   kinästetisch   olfaktorisch   gustatorisch

Reize

Unsere komplette Wahrnehmung wird von automatischen, elefantösen Prozessen vorgefiltert, bevor sie in unserem Gehirn unsere Innere Landkarte erzeugt. Schon

35

auf der Netzhaut gibt es Verschaltungen, die unsere visuellen Eindrücke selektieren. Auch unser Gehör, unser Körperempfinden, unser Geruchs- und unser Geschmackssinn werden stark von unseren elefantösen Wahrnehmungsgewohnheiten bestimmt. All dies bedeutet zunächst, dass unsere Innere Landkarte lediglich eine erheblich eingeschränkte Abbildung der Wirklichkeit und damit keine Basis des Rechthabens sein kann.

Unsere Innere Landkarte beinhaltet unvermeidliche **Verzerrungen, Tilgungen und Verallgemeinerungen,** die zu zweifelhaften Vorurteilen führen, an die unser Elefant trotzdem fest glaubt. Diese elefantösen Glaubenssätze wirken wie neuronale Autobahnen, durch die blitzschnell weitere Zusammenhänge bewertet werden, die wiederum unsere Denkgewohnheiten festigen. Nur wenn unser Reiter diese

„Ich habe keine Vorurteile – ich hasse jeden, der mir über den Weg läuft."

Strukturen INTELLIGENT hinterfragt, können wir wirklich neue, sinnvolle Glaubenssätze und Bewertungsmuster entwickeln.

Zum Beispiel wissen viele Menschen aus eigener Erfahrung, dass negative Vorurteile erhebliche Probleme wie Rassismus oder geschlechtsspezifische Diskriminierungen im Alltag erzeugen und verstärken. Doch ihre reiterliche Reflexionsfähigkeit begrenzt sich auf die (scheinbar unangreifbare) These, dass in jedem Vorurteil ein Quentchen Wahrheit steckt. Aber selbst wenn dieses „Quentchen" 1 oder sogar 10% Stimmigkeit rechtfertigen würde, blieben 90 – 99% ungerechter und stupider Verurteilungen der Mitmenschen übrig. Wer will ernsthaft behaupten, dass diese Form der Verurteilung intelligent ist? Und wer will selbst dermaßen vorverurteilt werden?

„Ich hasse Vorurteile! Besonders gegenüber Frauen – die armen Dinger haben es doch schon schwer genug!"

36

Ein weiteres, schwerwiegendes Beispiel ist unsere Wahrnehmung von Fehlern. Wer 95% seiner Aufgaben richtig macht, wird trotzdem für die 5% Fehler verurteilt. Viele Menschen haben durch diese Erfahrungen einen inneren Anspruch etabliert, der sie unablässig zur Perfektion treibt. Die Reflexion ihres Reiters rechtfertigt diesen weit verbreiteten Anspruch mit der nie endenden Selbstoptimierung, obwohl Perfektion in fast allen Zusammenhängen unerfüllbar ist. Doch wie kann man ausreichende, gute oder sehr gute Leistungen bei sich und anderen wertschätzen, wenn man permanent die Perfektion als Maßstab nimmt? Wie können Fehler im Perfektionswahn als wichtige Grundlage unserer Intelligenzentwicklung verstanden und wertgeschätzt werden?

Unsere Vorurteile und Verzerrungen beruhen leider nicht nur auf der Übernahme von schwarmdummen Annahmen bezüglich Zahlen, Relationen und Wahrscheinlichkeiten. Auch hinsichtlich zeitlicher Entwicklungen hat unser Elefant die Neigung, an überholten Glaubenssätzen festzuhalten. „Früher war alles besser!", „Das haben wir schon immer so gemacht!" und „Das aktuell Schlimme wird auch in Zukunft immer schlimmer werden!" sind nur einige Formulierungen, die ausdrücken, wie schwer es unserem Elefanten fällt, sich ohne den intelligenten Austausch mit unserem Reiter konstruktiv auf Veränderungsprozesse einzulassen.

Sitzen zwei Emanzen am Frühstückstisch. Sagt die eine zur anderen:„Du, gibst Du mir bitte mal die Salzstreuerin? "

Mit den fehlerhaften Mustern unserer Denkgewohnheiten - den kognitiven Verzerrungen - beschäftigt sich seit Jahren auch ein wertvoller Wissenschaftszweig (Buchtipp: **Daniel Kahneman** – Noise), dessen Erkenntnisse jedoch im Alltag weitgehend ignoriert oder sogar missbraucht werden. Die Massenmedien nutzen zwar die besonders krassen Beispiele unsere Dummheit immer mal wieder in ihren Schlagzeilen als Eyecatcher, aber befeuern gleichzeitig tagtäglich ebendiese so toxisch, dass einige Wissenschaftler unseren alltäglichen Nachrichtenkonsum schon selbst als Muster unserer Dummheit bezeichnen.

Besonders wirksam und damit fragwürdig bildet unsere Innere Landkarte auch ab, was wir glauben, wer wir sind und für wen wir die anderen halten.
Viele Nationen sind lediglich weltpolitische Konstruktionen und viele Menschen leben innerhalb künstlich gezogener Grenzen. Kaum einer von uns ist sich bewusst, wie sehr unsere Vorurteile unser Denken und Sprechen beeinflusst und ein respektvolles Zusammenleben auf Augenhöhe verhindert. Es gibt zum Beispiel weder DIE Europäerin noch DEN Amerikaner oder DIE Südamerikanerin noch DEN Russen oder DIE Neuseeländerin oder DEN Türken oder DIE Vietnamesin oder DEN Ghanesen. Es gibt nicht einmal DIE Hamburgerin oder DEN St. Paulianer. Selbst in einer beliebigen Wohnstraße sind die Menschen so unterschiedlich, dass wir nicht ernsthaft von DEM Bewohner sprechen können.

Warum trinkt der Russe Wodka, der Schotte Whisky, der Franzose Wein und der Deutsche Bier? Damit sich die einzelnen Völker an der Fahne erkennen können!

Unsere Sprachgewohnheiten hinsichtlich unserer eigenen Identität, unseres Geschlechts, unseres Alters, unserer Familie, unserer Herkunft, Völker und Nationen werden durch schwammige Begriffe wie Charakter, Persönlichkeit, Mentalität, Natur, Gemütsart, Seele oder Temperament extrem vernebelt und verwandeln unsere elefantösen Vorurteile oftmals direkt in Schwarmdummheiten härtester Gangart.

Auch persönlich stehen uns viele unserer Denkgewohnheiten massiv im Wege. Glaubenssätze wie: „ICH bin ein Soundso-Mensch!" erzeugen eine selbsthypnotische Wirkung, die uns oftmals genau den Spielraum nimmt, der uns aus den Mustern unserer persönlichen Dummheit herausführen könnte. Wenn ich mich jetzt denken oder reden höre, dass ich soundso bin, brauche ich mich nicht darüber zu wundern, dass mein Elefant mir dieses gleich beweisen wird. Vielleicht WAR ich in meiner Selbstbetrachtung bis EBEN so, aber ich kann mich JETZT dafür entscheiden, GLEICH etwas anderes zu werden, wenn ich es ernsthaft WILL.

Unserer Innere Landkarte kann niemals vollständig oder perfekt sein. Doch eine besondere Form der Tilgung erzeugt zusätzlich enorme Herausforderungen. Unsere **blinden Flecken** verdrängen für uns wichtige Themen, über die wir weder nachdenken noch sprechen wollen. Tabus, die wir nicht erkennen, verstehen oder hinterfragen wollen. Manchmal sollen damit schmerzhafte Erinnerungen und Gefühle vermieden werden, manchmal sind es sehr intensiv verinnerlichte Schwarmdummheiten, von denen wir glauben, dass wir sie für unsere Zugehörigkeit brauchen, obwohl wir uns eigentlich für sie schämen.

> „Nachdenken ist die härteste Arbeit, die es gibt. Das ist möglicherweise der Grund, warum es nur so wenige tun."
> Henry Ford

In der Regel sind wir blind für unsere eigene Betriebsblindheit. In den seltenen Fällen, in denen wir sie erkennen, neigen wir dazu, sie schwarmdumm als „typisch menschlich" zu tolerieren, anstatt sie intelligent verändern zu wollen. Und selbst wenn uns andere liebevoll auf unsere blinden Flecken hinweisen, gehen wir meist elefantös in den Angriff- oder Verteidigungsmodus, statt die hilfreiche Unterstützung dankbar anzunehmen.

Wir alle wissen aus unseren persönlichen Erfahrungen, dass unsere GEFÜHLE und EMOTIONEN einen entscheidenden Einfluss auf unser Denken, auf unsere Entscheidungen, auf unser Handeln und damit auf unser gesamtes Leben haben. Und trotzdem sind sie bei den meisten Menschen nicht einmal im Ansatz auf ihren Inneren Landkarten erkennbar.

„Den stärksten Anlass zum Handeln bekommt der Mensch immer durch Gefühle."
Carl von Clausewitz

Wer weiß schon, was der Unterschied zwischen Gefühlen und Emotionen ist? Welche Gefühle es genau gibt? Welchen Sinn sie haben und wie man sie intelligent beeinflussen kann?

Teil 3
Gefühls-Management mit Elefant und Reiter

Unsere Unwissenheit bezüglich unserer Emotionen und Gefühle erzeugt zusätzliche Unsicherheit und Ängste. Damit verstärkt sich die Tendenz, dass unser IQ gegen null strebt, während wir weiterhin dumme Entscheidungen treffen und dumme Handlungen vollziehen. Und weil wir in der Regel auf Dummheit mit Dummheit reagieren, verstärken wir die Angst vor unseren Emotionen und Gefühlen mit unserer Ignoranz immer weiter.

Intelligenz fängt mit Verstehen an. Also, was wissen wir bis jetzt über unsere Gefühle und Emotionen?

Liegt einer im Krankenhaus neben einem, der stöhnt und stöhnt als ob er's nicht mehr lange macht. Als die Schwester kommt, fragt der erste: "Sagen Sie mal, können Sie den denn nicht ins Sterbezimmer legen?" Darauf die Schwester: "Was meinen Sie denn, wo Sie hier liegen?"

Auszug aus wikipedia:

Die **Emotion** (v. lat.: ex „heraus" und motio „Bewegung, Erregung") ist ein psychophysiologischer Prozess, der durch die bewusste und/oder unbewusste Wahrnehmung und Interpretation eines Objekts oder einer Situation ausgelöst wird und mit physiologischen Veränderungen, spezifischen Kognitionen, subjektivem Gefühlserleben und einer Veränderung der Verhaltensbereitschaft einhergeht. Emotionen treten beim Menschen und bei höheren Tieren auf.

Es sind also komplexe, bewertende Prozesse, die mit Veränderungen auf allen Ebenen einhergehen. Nun gut, das ist sicherlich richtig und lässt uns wage erahnen, warum Gefühle und Emotionen die Macht haben, unser

Leben zu bestimmen. Doch können wir durch diese Definition konkret verstehen, wie wir intelligent mit ihnen umgehen können? Eher nicht.

Was heißt eigentlich managen?

Auszug aus wikipedia:

Management (['mænɪdʒmənt]; lateinisch manus, „Hand" und lateinisch agere, „führen", „an der Hand führen") ist ein Anglizismus für jede zielgerichtete und nach ökonomischen Prinzipien ausgerichtete menschliche Handlungsweise der Leitung, Organisation und Planung in allen Lebensbereichen... Zentraler Inhalt des Managements ist die Organisation, Vorbereitung und Durchführung von Entscheidungen in einer komplexen Umwelt unter den Bedingungen der vollkommenen Information.

Kurz gesagt bedeutet Management, Ressourcen zu verstehen und intelligent zu organisieren, um verantwortlich Ziele zu erreichen.

Der Unterschied zwischen Emotionen und Gefühlen

Wir können Gefühle und Emotionen als Informationsressourcen betrachten, die uns helfen sollen, intelligente Entscheidungen zu treffen. In den Massenmedien und in der psychologischen Fachliteratur werden die beiden Begriffe EMOTION und GEFÜHL jedoch weitgehend gleich benutzt. Deshalb brauchen wir zunächst eine klare Unterscheidung, um uns nicht im Dschungel des Selbst-Managements zu verirren.

> „Spitzenmanager zeichnen sich durch drei Charakteristiken aus: langsames Sprechen, eindrucksvolles Auftreten und völlige Humorlosigkeit."
>
> Johnson O'Connor

Bewährt hat sich, **GEFÜHLE** als **innere Botschaften** von unserem unbewussten Elefanten an unseren bewussten Reiter zu verstehen. Hier liegt unsere Verantwortung.

Dementsprechend sind **EMOTIONEN** Beziehungsbotschaften mit der **Außenwelt**.

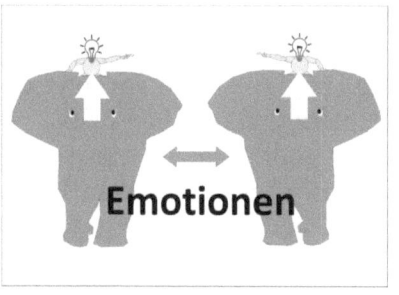

Auf dem Weg zur Arbeit springt einem Manager ein Frosch entgegen. „Ich bin eine verzauberte Prinzessin, küss mich." Der Frosch wird wortlos in die Jackentasche gesteckt und bis zum Abend ignoriert. „Warum willst du mich nicht küssen?" „Eine Prinzessin ist mir zu stressig, aber einen sprechenden Frosch finde ich cool..."

Manchmal sind die Botschaften auf beiden Ebenen sehr ähnlich. Treffen wir zum Beispiel auf einen fremden Hund, vor dem unser Elefant Angst hat, senden wir nahezu sofort die Zeichen unserer Angst nach draußen und der Hund kann sie sogar riechen.
Manchmal unterscheiden sie sich jedoch erheblich und erzeugen extreme Verwirrung und Folgestress. Treffen

wir zum Beispiel auf einen Menschen, vor dem wir Angst haben, dass er uns wieder die Zeit klaut, signalisieren wir ihm nicht unsere Angst, sondern unsere Wut, damit es nicht wieder passiert.

ALLE Aggressionen sind emotionale Anzeichen einer gefühlten Angst und viele Konflikte würden ganz anders verlaufen, wenn wir unsere Gefühle zeigen könnten, anstatt sie mit aller Kraft emotional zu verbergen. Und genau diese Energieverschwendung nimmt uns und den anderen den schmalen Spielraum, um die eigene Dummheit in Konflikten zu erkennen und zu durchbrechen.

Er kommt betrunken nach Hause und stellt einen Sessel ins Schlafzimmer. Sie: „Was soll das?" Er: „Wenn hier gleich das Theater anfängt, will ich wenigstens bequem in der ersten Reihe sitzen."

Ein cholerischer Golfer wirft seinen Schläger aus lauter Wut über den misslungen Schlag in den Wald. Da sagt sein Partner: "Du wirst ihn vielleicht nicht wiederfinden. Wirf sicherheitshalber noch einen hinterher."

Empörung, Zorn, Ärger, Wut und Hass sind die wesentlichen Emotionen, die die friedliche Weiterentwicklung auf unserem wundervollen Planeten so schwer machen. Mobbing in der Schule, im Internet oder am Arbeitsplatz, häusliche oder polizeiliche Gewalt, politischer Terror, organisierte Kriminalität oder militanter Imperialismus und Extremismus auf der Weltbühne oder im Alltag - Gerechtigkeit, Gleichberechtigung und ein nachhaltiger Umgang mit unserer Umwelt lassen sich nicht mit Aggressionen erreichen. Solange wir unsere Wut nicht nur ausdrücken, sondern auch behalten wollen, werden uns die eskalierenden Spiralen der Gewalt, des Leids und der Unterdrückung beherrschen. Der Schlüssel zur Veränderung liegt bei uns, bei unserem Umgang mit unseren Gefühlen, die wir zu verantworten haben. Zu akzeptieren, dass unsere emotionale Wut EIGENTLICH nur ein Ausdruck unserer gefühlten Angst ist, die aber erst dann aufhören kann, wenn wir den Mut haben, sie wahrzunehmen, um dadurch endlich verstehen können, was wir GENAU befürchten zu verlieren.

Doch lassen sich unsere Gefühle überhaupt vollständig in Sprache übersetzen?
„Ich kann meine Gefühle nicht in Worte fassen!" Jeder von uns hat diesen Satz wahrscheinlich schon einmal gehört, gedacht oder selbst gesagt.

Können wir nicht oder können wir uns nur nicht vorstellen, dass es geht?

„Ich möchte Ihren Chef sprechen."
„Geht leider nicht, er ist nicht da!"
„Ich habe ihn doch gerade durchs Fenster gesehen!"
„Er Sie auch."

Wenn wir uns auf den Weg machen, unsere Gefühle zu erkennen, verlieren wir möglicherweise die Illusion so unglaublich vielfältig und unergründlich zu sein. Doch sicher ist, dass wir dafür endlich verstehen werden, was uns im Inneren berührt und bewegt. Intelligenz braucht Sprache und Sprache kann Intelligenz erwecken. Viele Untersuchungen zu unseren Sprachgewohnheiten haben allerdings gezeigt, wie überraschend klein unser Alltagswortschatz ist. Auch hier zeigt sich, dass Gewohnheiten, die Energie sparen sollen, gleichzeitig als Nebenwirkung Vielfalt minimieren.

Die Emotionsskala

Je nach Sprachschatz verwenden wir 50 bis 300 Begriffe, um unsere emotionalen Zustände zu beschreiben. Wie sich eine Auswahl der aktuell geläufigsten Begriffe für vielen Menschen anfühlen, zeigt die folgende Grafik. Auf einer Skala von 0 (=schlechter geht es nicht bis) 10 (=besser geht es nicht) wurden alle Begriffe bewertet.

Ein Beispiel: wie fühlt es sich an, wenn du ENTTÄUSCHT bist? (Der Durchschnittswert ist in diesem Fall 2,3).

Die Verteilung der Begriffe auf der Emotionsskala erhebt keinen Anspruch auf objektive Richtigkeit, obwohl die meisten Menschen die Einordnung der Begriffe nachvollziehen können. Ein gutes Beispiel dafür, dass emotionale Begriffe nicht immer eindeutig verstanden werden, ist AUFGEREGT SEIN. Der Begriff steht im Mittel bei 5,3, weil einige den weitaus positiveren und andere den viel negativeren Aspekt bewerteten.

Was viele Menschen überrascht oder auch schockiert, ist dieses simple Bild der Skala, die uns zeigt, wie einfach unser emotionales Universum strukturiert werden kann. Zwei Pole und schon ergibt alles Sinn. Vielleicht sind die menschlichen Emotionen doch nicht so chaotisch und komplex, wie viele von uns befürchten?

Vielleicht ist es aber auch die Skala, die uns verstehen lässt, was unser Elefant permanent in

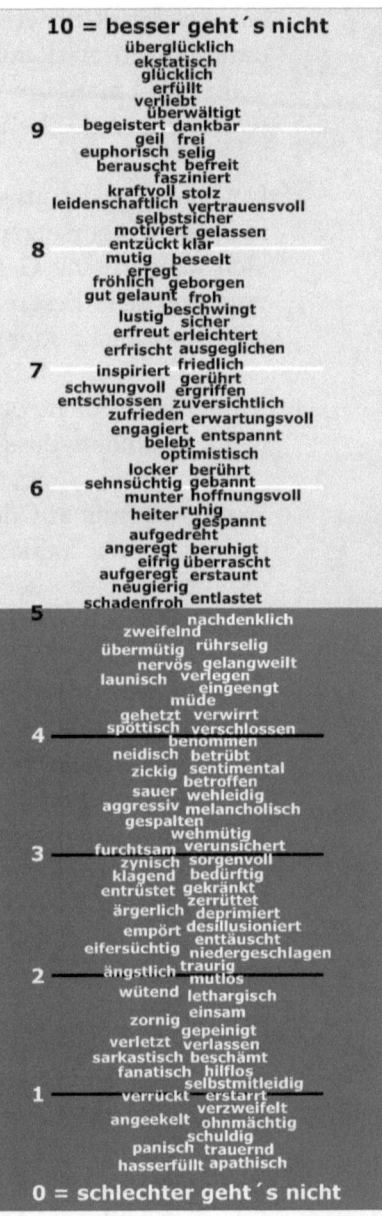

46

annähender Lichtgeschwindigkeit für uns macht. Er bewertet blitzschnell alle Reize, die wir wahrnehmen, Begriffe, Gedanken und Bewegungen, die wir ausführen. Ohne Skala hätten wir lediglich ein gutes oder ein schlechtes Gefühl. Mit der Skala erhöht sich die Auflösung, mit der wir die Bewertung unseres Elefanten erkennen können. Es gibt Abstufungen und damit auch Möglichkeiten zur sanften Veränderung durch gezielte Experimente und Dialoge mit anderen Beteiligten. Wir können endlich intelligent mit unseren Gefühlen und den Emotionen unserer Mitmenschen umgehen.

Vater und Tochter im Zoo.
„Papi, kaufst du mir einen Elefanten?"
„Wo nehmen wir denn jeden Tag das viele Futter her?"
„Kein Problem, da steht doch Füttern verboten!"

Und gleichzeitig bleiben die beiden Motive unseres Elefanten klar erkennbar. Er strebt nach Bewegungen, die Nähe oder Distanz zu dem Reiz erzeugen sollen. Hin-Zu oder Weg-Von.

Alle Skalenwerte unter 5 fühlen sich nicht gut an und offenbaren eine mehr oder wenige starke Motivation, sich von dem Reiz entfernen zu wollen. Irgendetwas befürchten wir, wir fühlen **Angst**. Weg-Von, der Reiz raubt mir Energie und irgendetwas sollte sich ändern.

Alle Skalenwerte über 5 fühlen sich irgendwie gut an und zeigen unser Interesse, unsere Neugier, unsere **Lust**, uns dem Reiz nähern und mehr von ihm zu erleben zu wollen. Hin-Zu, er gibt uns Kraft und Vorfreude.

Der Skalenwert 5 ist zunächst nicht so einfach zuzuordnen, weshalb sich viele auch gern in der Mitte verstecken. Mit der Nachfrage: „Ist es eher eine 4,9 oder eine 5,1?" kann die Bewegungsrichtung erkannt werden. Eine 5,1 würde heißen, dass mir der Reiz immer noch ein kleines bisschen Kraft gibt. Die 4,9 zeigt an, dass mir der Reiz aktuell eine Spur Kraft raubt. KRAFT RAUBEN bedeutet unnötig oder nicht gerechtfertigt. Kraft rauben bedeutet allerdings auch, dass wir tendenziell keine Lust haben, uns mit diesem Thema weiter zu beschäftigen.

Die beiden Bewegungsgefühle

Angst als Gefühl der Weg-Von- und **Lust** als Gefühl der Hin-Zu-Motivation beschreiben also die beiden Bewegungsrichtungen des Elefanten, die die 137 emotionalen Begriffe intelligent strukturieren.

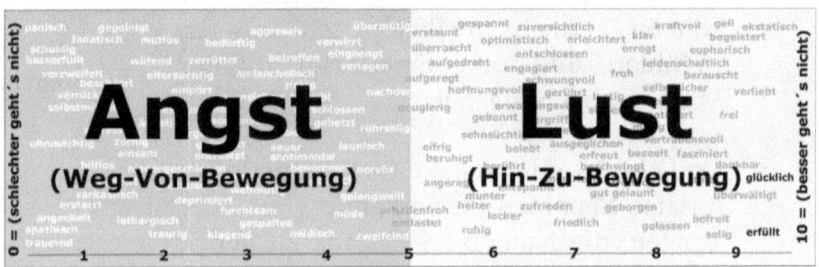

Aber decken die beiden Oberbegriffe wirklich alles ab? Schauen wir noch einmal auf WÜTEND, AGGRESSIV und HASSERFÜLLT.

Die Motivation hinter diesen Emotionen könnte aus beiden Bewegungsgefühlen entstehen, schließlich erinnert sich wahrscheinlich jeder an die Momente des Vergnügens an der Zerstörung. Die Sandburg zertrampeln, Bilder zerreißen, schlagen und schubsen - den anderen und sich selbst die eigene Kraft und Macht demonstrieren. Aber auch schon damals stand dahinter die Angst, bloß nicht zu kurz zu kommen. Im Erwachsenenalter deutet dieses Verhalten oftmals auf eine schwerwiegende Störung hin, die durch (selbst-)zerstörerisches Verhalten kompensiert werden soll.

> „Humor ist der Knopf, der verhindert, dass uns der Kragen platzt."
> Joachim Ringelnatz

Aggressives Verhalten basiert IMMER auf der Angst, etwas zu verlieren. Wir haben in unserem Training als bedeutsames ICH gelernt, **sofort** gegen jede Art von drohendem Verlust anzukämpfen, weil jedes Zögern unsere Positionierung im Schwarm zusätzlich schwächen könnte. Deshalb reagiert unser Elefant zunächst mit dem Angriffsmodus, von dem er sich auch mit guten Argumenten nur selten abbringen lässt. Wenn seine Drohgebärden bei dem anderen jedoch nicht wirken, der direkte Kampf von vornherein aussichtslos erscheint oder die Energien aufgebraucht sind und die Verletzungen zu schmerzhaft werden, ergreift der Elefant die Flucht oder stellt sich tot.

In der Regel verändern sich aggressive Emotionen schlagartig, wenn wir formulieren können, was GENAU wir befürchten zu verlieren. Diese Antwort zu finden ist jedoch erst möglich, wenn wir keine grundsätzliche Angst mehr vor dem Begriff ANGST haben. Vielleicht habt ihr den Mut, diesen Begriff einmal für euch zu skalieren?

> Zwei Jäger befinden sich im Wald, als der eine zusammenbricht und aufhört zu atmen. Der andere Jäger zückt sein Handy und wählt den Notruf. Jäger: „Mein Freund ist tot! Was soll ich tun?" Notruf: „Beruhigen Sie sich. Als erstes, versichern Sie sich, dass er tatsächlich tot ist." Stille - dann ertönt ein Schuss. Jäger: „Okay, und was jetzt?"

Stillstandsgefühle

Ein weiterer Aspekt unserer persönlichen und kollektiven Dummheit ist der Glaube, dass Bewegung alles im Leben ist. Mobilität, Dynamik, Flexibilität und Geschwindigkeit scheinen beruflich und privat die einzigen Erfolgsfaktoren zu sein. Doch ist das wirklich so?

Wenn es nur Bewegung gäbe, würden wir sie überhaupt nicht wahrnehmen. Wir brauchen den Schatten, um das Licht zu verstehen und wir brauchen den Stillstand, um die Bewegung zu verstehen. Doch Stillstand ist für viele Menschen eine extrem schwierige Herausforderung.

Auf einer Skala von 0(=schlechter geht es nicht) bis 10=(besser geht es nicht), wie fühlt sich der Begriff STILLSTAND für euch an?

Über 5?

Für viele nicht.

Viele glauben den Schwarmschwachsinn, dass Stillstand nur Zeitverschwendung, Scheitern und Rückschritt bedeutet. Und deshalb ist es nicht überraschend, dass wir allen Aspekten des Stillstehens, des Innehaltens und der Achtsamkeit nur wenig Energie und Zeit in unserem Alltag einräumen.

„Was ist schlimmer als ein Elefant im Porzellanladen? Ein Igel in der Kondomfabrik!"

Im Stillstand können wir unsere eigene Situation erkennen. Nur wenn wir stillhalten, können wir uns ein klares Bild der Welt machen, in der Bewegung wird es unscharf und verwischt.

Wenn wir innehalten, können wir uns außerdem umdrehen und sehen, wo wir herkommen, ohne dabei gleich gegen den nächsten Baum zu prallen.

Wenn wir stillstehen, können wir loslassen. Unser Reiter entspannt und erlebt (vielleicht zum allerersten Mal) bewusst, wie unser Elefant seine Akkus auflädt. Das ist ein erhabener Moment, für den man nicht nach Tibet zum Meditieren fliegen muss.

Der Emotionsatlas

Die folgende Grafik zeigt die 137 emotionalen Beschreibungen mit ihrer Verteilung auf den beiden Achsen BEWERTUNG und DYNAMIK (Auf einer Skala von 0=weniger geht nicht bis 10=mehr geht nicht, wie viel Bewegung verbindest Du mit dem Begriff x?).

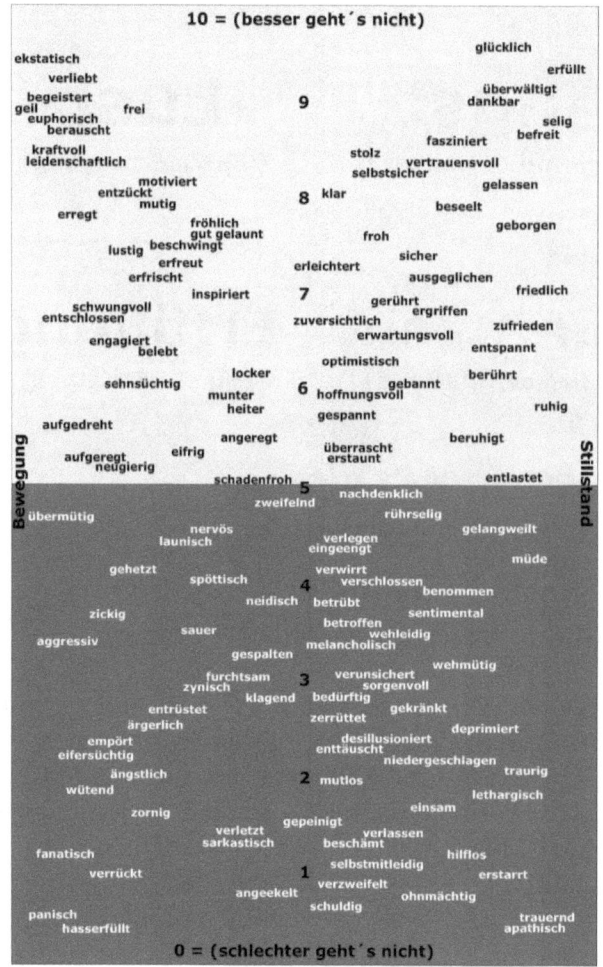

Auf dieser Betrachtungsebene kristallisieren sich zwei Oberbegriffe heraus, mit denen wir die Stillstandsgefühle benennen können. ERFÜLLUNG als positiv und OHNMACHT als negativ erlebten Stillstand. Somit können wir den Emotionsatlas in vier Gefühls-Quadranten übersetzen.

51

Schauen wir uns nun die einzelnen Quadranten genauer an.

Die Hin-Zu-Bewegung: Worauf habe ich Lust?

Wir beschäftigen uns in der Regel gern mit dem, worauf wir Lust haben. Doch weil die wenigsten von uns dabei strukturiert und mit Weitsicht vorgehen, birgt auch dieser Quadrant Möglichkeiten zur persönlichen Dummheit.

Wer ständig und ausschließlich seiner Lust folgt WILL, läuft Gefahr, sich darin zu verlieren. Unser Elefant bewegt sich am liebsten auf das zu, was er schon kennt und er entscheidet sehr schnell. Er wird also tendenziell in die immer gleichen Richtungen marschieren und daraus zwangsläufig Gewohnheiten machen. Unser Reiter wird schnell anfangen, sich in den routinierten Hin-Zu-Bewegungen zu langweilen. Die

Sagt ein deutscher Ingenieur zu seinem italienischen Kollegen: „Gib mir Eisen und Stahl - und ich baue Dir den größten Flugzeugträger der Welt!"
Meint der Italiener: „Gib mir Deine Schwester - und ich mache Dir die Besatzung dazu!"

Aufmerksamkeit sinkt, also muss die Dosis stärker werden. Die Ablenkung oder das Auto schneller, der Berg oder der Einsatz höher, das Publikum oder das Risiko größer. Der Preis und der Energieaufwand nehmen zu und der Grenznutzen nimmt ab.

Wenn unsere Gewohnheit zur Lustverfolgung besonders stark ausgeprägt ist, wird sie vom Elefanten oftmals für wichtiger eingeschätzt als die tatsächliche Befriedigung der Lust. Dann befinden wir uns nicht mehr auf der Suche, um unsere Erfüllung zu finden, sondern in der Sucht, die kein Ende nehmen soll. SUCHT ist ein Schlüsselbegriff in unserer Orientierung im Umgang mit unserer Lust. Wo fängt Sucht an? Wonach kann man süchtig sein?

„Mein Opa hat nie gerne Sachen aus der Hand gegeben. Leider ist er an einer Handgranate gestorben."

Auszug aus wikipedia: Abhängigkeit (umgangssprachlich Sucht) bezeichnet das unabweisbare Verlangen nach einem bestimmten Erlebniszustand. Diesem Verlangen werden die Kräfte des Verstandes untergeordnet. Es beeinträchtigt die freie Entfaltung einer Persönlichkeit und die sozialen Chancen eines Individuums.

„Diesem Verlangen werden die Kräfte des Verstandes untergeordnet", heißt nichts anderes, als dass unser Elefant entscheidet, unsere schädlichen Gewohnheiten beizubehalten, um irgendeine noch so verdrehte, kurzfristige Stabilität aufrechtzuerhalten. Als ICH verzweifeln wir letztendlich an unserer Hilflosigkeit und müssen die Interpretation von Ärzten und Therapeuten annehmen, dass wir halt krank sind.

Als Doppelsystem können wir andere Wege finden, um die Angst des Elefanten hinter unserem verdrehten Belohnungs- und Selbstwertbedürfnis zu erkennen. Wenn der Elefant offen und wertschätzend vom eigenen Reiter gefragt wird, fühlt er oftmals sofort, dass er akzeptiert wird und nicht mehr um seine Existenzberechtigung kämpfen muss. Dadurch wächst seine Bereitschaft, seine Befürchtungen ehrlich preiszugeben und mit kleinen Schritten Veränderungen auszuprobieren, die kurzfristig mehr Energie und mittelfristig neue Stabilität und ein neues Selbstwertgefühl mit sich bringen.

Der Hin-Zu-Stillstand: Wie fühlt sich der perfekte Moment an?

Manche Menschen, die besonders massiv nach dem ganz großen und schnellen Lustgewinn streben, fühlen ihre Erfolge gar nicht mehr, weil sie gelernt haben, JEDEN Stillstand vehement zu vermeiden.

Doch nur der Stillstand der Erfüllung ermöglicht den perfekten Moment, der nicht weiter verbessert werden muss. Die gefühlte Erfüllung befreit uns für einen Moment von unserem Auftrag zur Stabilität und Optimierung und führt uns in die Dankbarkeit gegenüber der Welt und zur Selbstliebe. Je länger und öfter wir den Moment der erfüllten inneren Kooperation erleben, desto stärker wird unser innerer Halt und unsere positive Haltung gegenüber dieser wunderbaren Welt.

> „Man führt nicht mehr genug Selbstgespräche heutzutage. Man hat wohl Angst, sich selbst die Meinung zu sagen."
> Jean Girodoux

Die Weg-Von-Bewegung: Was habe ich Angst zu verlieren?

Angst ist ein vollkommen natürliches, nützliches und notwendiges Gefühl. Allerdings gibt es sehr viele Möglichkeiten, unsere Angst zur persönlichen und kollektiven Dummheit zu missbrauchen. Eine weit verbreitete Schwarmdummheit aus der Welt der scheinbar Erfolgreichen und Starken treibt viele Menschen dazu, ihre Ängste ignorieren zu wollen. Noch immer glauben viele von uns paradoxerweise, dass derjenige, der sich zu seinen konkreten Ängsten bekennt, Schwäche zeigt, obwohl er dadurch offensichtlich intelligente Stärke demonstriert.

Wenn wir etwas tun, um unsere Angst zu vermeiden, werden wir dabei lediglich von der Angst vor der Angst gesteuert - der einzigen, die keinen Sinn macht. Das Eingeständnis der eigenen Angst ist der einzig konkrete Schritt zum konstruktiven Umgang mit ihr. Wie soll man mit etwas intelligent umgehen, dessen Existenz man verleugnet?

Das dumme Märchen von der Angst vor dem Neuen

Im Leben geht es nicht nur um uns selbst. Auch wenn wir uns als WIR verstehen, braucht unsere Intelligenz den Austausch mit den anderen, dem Fremden, damit unser Reiter etwas Neues erforschen und unser Elefant etwas Neues lernen kann.

Es ist zu KEINEM Zeitpunkt intelligent, anzunehmen, dass der Mensch Angst vor dem Neuen hat. Seit unserer Geburt sind der Austausch mit der Welt und die Erforschung des Unbekannten der EINZIGE Treibstoff für unsere Entwicklung. Ohne ein Mindestmaß an neuen Eindrücken verkümmert jeder Mensch. Zwar wird uns diese vermeintlich natürliche Angst von vielen Seiten massiv eingetrichtert, aber es bleibt schlichtweg eine der größten, weil wirksamsten Schwarmdummheiten.

Ein Rabbi betet zu Gott: „Lieber Gott, ich habe Angst, meinen Sohn zu verlieren - er ist Christ geworden!"
Gott: „Ja und, meiner auch!"
Rabbi: „Und was hast du gemacht?"
Gott: „Ein Neues Testament geschrieben!"

Ja, unser Elefant hat Angst! Aber nicht vor dem Neuen, sondern davor, das Alte zu verlieren!

Den Kontakt mit dem Neuen automatisch mit dem Verlust des Bestehenden gleichzusetzen, ist entweder ein Armutszeugnis bezüglich der Qualität des Bestehenden oder gelinde gesagt kompletter Schwarmschwachsinn. Nur durch neue Impulse, die uns natürlich im ersten Moment fremd vorkommen MÜSSEN, werden wir uns und unsere Lebensweise weiterentwickeln! Ohne unsere Neugierde, also die Bereitschaft und Vorfreude auf das bis jetzt noch nicht Erkannte, würden wir selbst unseren eigenen Nachwuchs als Bedrohung empfinden und allen Entwicklungsprozessen vollkommen hilflos gegenüber stehen.

Wer nicht glauben WILL, dass wir von zunächst fremden, also potenziell innovativen Elementen, Menschen und Ideen abhängig sind, stellt sich freiwillig auf eine Entwicklungsebene mit einfachen Lurchen, die komplett von ihren angeborenen Verhaltensmustern und Instinkten beherrscht werden. Damit würde man sich zwar die Zugehörigkeit zu der fast 400 Millionen Jahre alten Erfolgsgeschichte der Reptilien sichern, aber gleichzeitig jeden Anspruch auf emotionale Augenhöhe – selbst mit einem Hund - verlieren.

Doch wir alle sind und bleiben neugierig. Viele Menschen, die sich für traditionsbewusst und konservativ halten, unterschlagen die vielen Momente und Situationen, in denen sie das Neue und das Fremde erkennen WOLLEN. Selbst der konservativste Dogmat schlägt morgens die Zeitung auf, und sei es nur, um die neuesten Überraschungen in den Sportergebnissen zu erfahren.

Sagt der Elefant zum Kamel „Warum hast du deine Titten auf dem Rücken?" Sagt das Kamel „Wenn ich meinen Pimmel mitten im Gesicht hängen hätte würde ich die Klappe halten."

Übersteigerte Ängste aus der ICH-Identität

Viele Elefanten wurden unter der Herrschaft des ICH-Sein-Wollens jahrzehntelang als faules und träges Gewohnheitstier beschimpft, abgewertet oder komplett ignoriert. Vielfach werden Selbstvorwürfe zur elefantösen Denkgewohnheit und erzeugen Krankheitsbilder als letzte Hilferufe des Elefanten nach Akzeptanz und Anerkennung.

Auf der anderen Seite sind viele Elefanten hypersensibel und reagieren oft dramatisch übersteigert, weil die meisten von uns keine Erfahrungen haben, wie es sich anfühlt, tatsächlich in Todesgefahr zu schweben. Dadurch werden normale Krisen wie berufliches oder privates Scheitern von unseren Elefanten schnell als ultimative Katastrophen bewertet.

Durch die übersteigerten Ängste unseres Elefanten wird die Kreativität des Reiters oftmals dafür missbraucht, Einwände und Argumente GEGEN eine Veränderung statt Lösungen FÜR ein Problem zu finden. Unsere Fähigkeiten sind in dieser Hinsicht derart hoch entwickelt, dass wir sogar gut konstruierte Ängste vor Dingen oder Situationen haben können, die es nie gab und auch nie geben wird.

> „Angeklagter, wie kamen Sie eigentlich auf den Gedanken, das Auto zu stehlen?"
> „Na ja, das Auto stand vor dem Friedhof und ich dachte der Besitzer sei tot."

Die Angst setzt sofort ein, wenn wir den Stillstandsmoment der Erfüllung nicht mehr halten können. Werden wir jemals wieder so erfüllt sein? Werden wir jemals wieder den perfekten Moment erleben?

Allein durch die exakte Wiederholung werden wir die Erfüllung nicht wieder erreichen. Das zweite Mal kann uns nicht die gleiche, erfüllende Wirkung des ersten

Mals geben, weil die erste Erfüllung uns verändert hat. Mehr desselben hilft uns nicht, wir brauchen etwas Neues, weil wir etwas Neues geworden sind. Und um etwas Neues zu erleben, müssen wir etwas Altes loslassen.

Wir sollten unserer Angst dankbar sein, denn sie lässt uns fühlen, was wir demnächst loslassen könnten, um uns weiterzuentwickeln und nicht im Hamsterrad der eigenen Gewohnheiten hängen zu bleiben.

Die Bundeskanzlerin sieht im Himmel eine riesige Anzahl von Uhren und fragt, was das zu bedeuten hat. „Nun, jede Regierung der Welt hat eine Uhr und jedes Mal, wenn eine Entscheidung verschoben wird, rücken die Zeiger ein Stück weiter." „Und wo ist die deutsche Uhr?" „Tja, die nutzen wir in der Küche als Ventilator!"

Eine der wichtigsten Aufgaben unseres Reiters ist es, schnell herauszufinden, welche konkrete Angst unser Elefant fühlt. Diffuse Ängste relativieren sich oder lösen sich sogar auf, wenn sie konkret formuliert werden. Konkret formulierten Verlustängsten können wir intelligent begegnen und sie gegebenenfalls sogar mit anderen teilen. Sich Konflikten mit anderen zu stellen, ist sehr intelligent, solange wir nicht aus den Augen verlieren, worum es uns konkret geht. Konflikte sind sichere Anzeichen, dass wir Innovationen brauchen und etablieren können.

Der Weg-von-Stillstand: Wovon muss ich mich ohnmächtig verabschieden?

Doch trotz des intelligentesten Umgangs mit unseren Ängsten werden wir nicht verhindern können, dass es Fälle geben wird, in denen wir irgendwann all unsere Munition verschossen haben und den befürchteten Verlust machtlos hinnehmen müssen. Todesfälle sind die überzeugendsten Beispiele für unsere totale Hilflosigkeit. Aus dem Stillstand der Ohnmacht wird Trauer, wir müssen uns von nahestehenden Menschen oder Wesen verabschieden.

Aber neben diesen seltenen Extremfällen geht es viel häufiger darum, uns von nicht mehr passenden Ideen, zu Ende gehenden Situationen und überholten Denkgewohnheiten zu verabschieden. Endgültig verlorene Fähigkeiten der Jugend, zerbrochene Beziehungen oder schlicht der letzte Urlaubstag - immer wieder müssen wir etwas loslassen, was uns bis jetzt sehr wichtig war.

In der tiefen Ohnmacht haben wir keine Energie mehr für Ideen und motivierende Alternativen. Wir können an nichts mehr glauben und fühlen nur das schmerzhafte, schwarze Loch, in dem wir feststecken. Die Zeit scheint still zu stehen, aber wir wollen den Stillstand noch nicht wahrhaben. Mit letzter Kraft versuchen wir den schmerzhaften Verlust kompensieren, aber irgendwann fehlt uns auch dafür die Energie. Erschöpft bleibt uns nichts anderes mehr übrig, als unsere Ohnmacht endlich zu akzeptieren und damit das Neue und den neuen Funken Neugier zuzulassen.

> „Wir hoffen immer auf den nächsten Tag, wahrscheinlich erhofft sich der nächste Tag auch einiges von uns."
> Ernst R. Hauschka

Der Gefühlszyklus
Unsere 4 Gefühle sind keine Einzelphänomene, sondern beschreiben einen Entwicklungszyklus, der darüber bestimmt, wie unser Elefant unsere Energie einsetzt und wie viel Energie unser Reiter zur Verfügung hat, um die Muster unserer Dummheit zu erkennen und zu verändern.

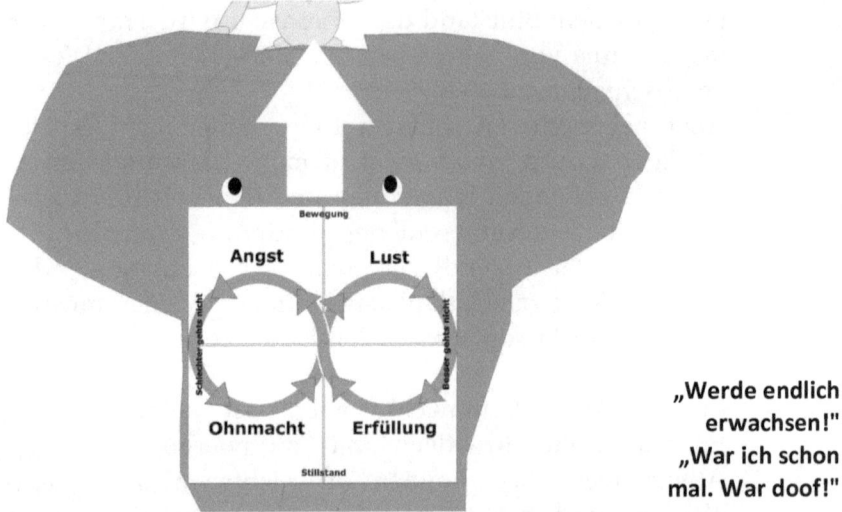

Es gibt keine schlechten Gefühle, sondern nur kraftvolle, die wir bis jetzt noch nicht verstanden und deshalb schlecht gemanaged haben.

Alle vier Grundgefühle sind notwendig, um den Energiefluss des Elefanten aufrecht zu erhalten. Ob irgendjemand glaubt, dass unser Kulturkreis Angst und Ohnmacht immer noch als Makel ansieht, spielt keine Rolle. Lösen wir uns von unseren elefantösen Vorurteilen. Es geht nur darum, dass wir PERSÖNLICH unsere 4 Grundgefühle vorbehaltlos akzeptieren und wertschätzen! Wir könnten sicherlich weiter machen wie bisher und uns hinter der emotionalen Fassade verschanzen, bis die Sucht nach dem Immer-Mehr oder der depressive Strudel unsere gesamte, einsame Existenz in den Abgrund zieht. Oder wir nehmen unsere Angst und Ohnmacht an, um mit Neugier, Erfüllung, Veränderung und Loslassen unseren persönlichen Weg zum Neuen zu finden. Doch wie soll das praktisch funktionieren?

Teil 4

Praxis des Gefühls-Managements

Über den Gefühlszyklus können wir unsere Gefühle verstehen und intelligent beeinflussen!

Unsere Gefühle beeinflussen? Manipulieren? Verlieren wir dadurch nicht unsere Authentizität und werden zu seelenlosen Maschinen? Nein.

Wir alle beeinflussen jeden Tag unsere Gefühle. Unserer Lust geben wir meistens viel Raum. Manchmal so viel, dass wir unsere Süchte erst erkennen, wenn sie unser gesamtes Leben schwer belasten. Unsere Erfüllung lassen wir oft nicht zu, weil uns Momente des Stillstandes Angst machen. Unsere Angst versuchen wir so lange wie möglich zu verdrängen und fallen dann vollkommen zermürbt schlagartig in die Ohnmacht. Wir beeinflussen unsere Gefühle also permanent in einem erheblichen Maße, allerdings oftmals nicht besonders intelligent.

> **Der Vorteil der Klugheit liegt darin, dass man sich dumm stellen kann. Das Gegenteil ist schon schwieriger.**
> Kurt Tucholsky

Um ihre Gefühle kümmern sich die Menschen als ICH-Einzelsystem meistens erst, wenn sie in einer massiven Krise stecken, furchtbar leiden und irgendetwas tun müssen, um die persönliche Katastrophe zu verhindern. Meistens hat der (bis dahin noch nicht wahrgenomme-ne) Elefant schon vorher mehrfach signalisiert, dass der Zyklus nicht mehr rund läuft und die Energie blockiert ist. Tiefgehender Ärger über die Mitmenschen und chronische Selbstvorwürfe mit Krankheitssymptomen und depressiven Schüben reichen jedoch oftmals nicht aus, um den Menschen aus ihrer Dummheit des ICH-sein-wollens zu wecken. Lieber suchen sie sich „professionelle" Hilfe als ins Doppelsystem zu wechseln. Und wenn sie schon jahrelang immer tiefer in den dunklen Brunnen abgerutscht sind, ist es nicht überraschend, dass sie voller Verzweiflung auf Autoritäten, Medikamente, Wunder und Götter hoffen, statt an ihre eigenen Fähigkeiten als intelligente Wesen zu glauben.

Unsere Gefühle bestimmen unser gesamtes Leben. Aber was können unsere Reiter überhaupt beeinflussen? Lust – Erfüllung – Angst – Ohnmacht – Lust ... der Wandel hat eine natürliche Abfolge und jede Phase muss wahrgenommen und akzeptiert werden, damit die nächste einsetzen kann.

„Schon gehört, Wissenschaftler haben jetzt herausgefunden, dass man mit Toten reden kann."
"Das ist ja phantastisch."
"Ja, aber das Dumme ist, sie antworten nicht."

Doch wie lange und in welcher Intensität wir die Phasen erleben, können wir als Doppelsystem massiv beeinflussen.

Unser Elefant kann jeden Aspekt unseres Lebens spontan skalieren. Alle Werte unter 5 zeigen, dass das Thema uns Kraft raubt, alle Werte über 5, dass es uns Kraft gibt. Unser Reiter kann dann über die Bewertungen nachdenken und dem Elefanten mögliche Veränderungsideen vorschlagen, die dieser wiederum skaliert. Dieser Dialog auf Augenhöhe bringt unsere Energie wieder zum Fließen, weil sich der Elefant respektiert fühlt, sich für Impulse des Reiters öffnet und bereit ist, etwas Neues auszuprobieren. Wir erleben ein neues Niveau der Selbstermächtigung.
Machen wir einen ersten Test:

Intelligenz-Test: Doppelsystem

Intelligenz besteht aus **Verstehen** und Verändern. Was bedeutet es, ein Doppelsystem im Dialog auf Augenhöhe zu sein?
Auf einer Skala von 0 = schlechter/weniger geht's nicht bis 10 = besser/mehr geht's nicht:

Achtet darauf, dass ihr für diesen Test 3 Minuten Ruhe und einen schönen Ort findet, sonst wird euer Elefant von Anfang an nicht mitspielen wollen.

1. Wie gut fühlt es sich für deinen unbewussten Elefanten an, Teil eines Teams mit deinem bewussten Reiter zu sein? ☐

2. Wie stolz ist dein Reiter auf die bisherigen Leistungen deines Elefanten? ☐

3. Wie viel Vertrauen hat dein unbewusster Elefant in deinen bewussten Reiter? ☐

4. Wie klar sind deinem Reiter seine Aufgaben im Team mit deinem Elefanten? ☐

5. Wie wichtig ist es euch, euer Verhältnis gezielt zu verbessern? ☐

6. Wie ehrlich seid ihr zu euch? ☐

Bei allen Werten (besonders bei denen unter 5) kann der Reiter nach Innovationen suchen. Was könnte konkret eine positive Veränderung bewirken?
Die Vorschläge werden vom Elefanten skaliert. Dann werden die 1 - 5 Favoriten für einen abgesprochenen Zeitraum (1 - 4 Wochen) **ausprobiert**, um danach gemeinsam die Ergebnisse über Skalierungen zu checken und Anpassungen vorzunehmen.

Komplexität und Gleichzeitigkeit

Möglicherweise gehört ihr zu den vielen Menschen, denen es schwerfällt, die Baustellen in ihrem Leben spielerisch über konkrete Experimente anzugehen. Positiv betrachtet will euer Elefant einfach keine leichtfertigen Risiken eingehen und eurem Reiter fehlen möglicherweise noch Informationen, um euren Elefanten zu kleinen Schritten auf neuen Wegen zu motivieren.
Deshalb schauen wir uns jetzt noch einmal genauer an, welche Herausforderungen sich in den Details verstecken, die euer Elefant vielleicht schon erahnt hat.

Genau genommen nehmen wir nämlich nie einzelne Reize, sondern immer **Reizkombinationen** über unsere Sinne wahr.

Wir hören einen Schrei und gleichen dabei blitzschnell das Gesamt-Setting unserer aktuellen Wahrnehmung mit unseren Denkgewohnheiten und Erfahrungen ab. Zum Beispiel verarbeiten wir einen Schrei in einem Vergnügungspark ganz anders als auf einem Friedhof.

Unser Elefant verknüpft jede Reizkombination mit einer Bewertung, die wir jedoch nur selten bewusst wahrnehmen. Erst wenn sie besonders stark ausgeprägt ist, dringt sie als Bewegungsgefühl (Angst oder Lust) bis zum Reiter vor. Bei stark negativen Bewertungen kann es vorkommen, dass ein Schlüsselreiz der Vergangenheit in einer Neukombination trotzdem das alte Gefühl auslöst. Zum Beispiel kann die damalige Erfahrung der Polizeisirene kurz vor dem schweren Verkehrsunfall auch später panische Angst erzeugen, obwohl man die Sirene diesmal weit entfernt in der Sicherheit der eigenen vier Wände hört.

Ein kleiner Junge steht mit seiner Mutter bei den Elefanten im Zoo.
„Du Mami, was ist das da?"
„Du meinst den Rüssel!"
„Nein dort ..."
„... die Stosszähne!"
„Nein, dort zwischen den Beinen!"
„... äh, das ist ... nichts!"
Eine Woche später steht der Kleine mit seinem Vater bei den Elefanten.
„Du Papi, was ist das da?"
„Du meinst den Rüssel!"
„Nein dort ..."
„Die Stoßzähne!"
„Nein, dort zwischen den Beinen!"
„Ach das - das ist das Geschlechtsteil des Elefanten!"
„Aber Mami hat letzte Woche gesagt, das wäre nichts!"
Da lächelt Papi selbstgefällig: "Na ja, Mami ist eben verwöhnt."

Skalierungen als wertvolle Botschaften vom Elefanten

Um dominante Reize zu erkennen und elefantösen Bewertungsprozesse präzise zu verstehen, müssen wir sie von unserem Elefanten skalieren lassen. Würden wir weiterhin nur mit der Einschätzung gut oder schlecht arbeiten, wäre die nächste Dummheit vorprogrammiert. Zum Beispiel braucht ein starker Schmerz eine andere Verarbeitungsstrategie als ein leichtes Unwohlsein. Sinnvolle und einfache Differenzierungen sind ein wichtiges Hilfsmittel der praktischen Intelligenz.

„Auf einer Skala von 0 bis 10, wie gerne diskutieren Sie?"
"Geht auch 11?"
"Nein!"
"Warum nicht?"

Wenn wir unsere Gefühle skalieren, erreichen wir die erste Stufe des intelligenten Gefühls-Managements: das experimentelle Verstehen.
Auf einer Skala von 0=schlechter geht´s nicht bis 10=besser geht´s nicht:
Wie gut fühlt Sie eure Frisur an?
Wie gut fühlt sich euer Körpergewicht an?
Wie gut fühlt sich euer Job an?
Wie gut fühlt sich euer Leben an?

Zunächst ganz harmlose, dann immer bedeutsamere Fragen. Sehr wahrscheinlich hat euch euer Elefant schon beim Lesen eine sofortige Rückmeldung gegeben. Möglicherweise hat euch seine intuitive Bewertung erfreut, überrascht oder auch verärgert. Vielleicht wegen dem Zahlenwert, vielleicht aber auch, weil ihr euch irgendwie immer noch schwer tatet, die elefantöse Einschätzung zu akzeptieren.

Aber welchen Reiz hat euer Elefant wirklich bewertet?
War es wirklich eure Frisur oder die Erinnerung an euren Vater, der auch eine Halbglatze trägt?
War es wirklich euer tatsächliches Gewicht oder die andauernde Ablehnung, die ihr von eurer Umgebung aufgrund eurer Körperfülle wahrnehmt?

War es wirklich euer Job oder eher die fehlende Bedeutung, die der Schwarm euch damit zuschreibt? Seid ihr tatsächlich fähig, euer gesamtes Leben mit einer Zahl zu bewerten oder waren es doch nur die wenigen Facetten, an die ihr euch aktuell erinnern könnt?

Selbstehrlichkeit als Management-Kompetenz

Selbst einzelne Begriffe wie Frisur oder Job können als Schlüsselreize erstaunliche Kaskaden auslösen, die oftmals wesentlich mehr Bedeutung haben, als wir vorher gedacht hatten. Nur ihr allein könnt verstehen, was euer Elefant genau skaliert hat. Und ihr seid auch die einzigen, die ihr verarscht, wenn ihr euch in die Tasche lügt. Sicherlich könnt ihr euch jetzt vorstellen, wie wichtig Selbstehrlichkeit im Umgang mit unseren Gefühlen ist. Nur wenn wir ausreichend ehrlich zu uns selbst sind, haben wir die Chance, herauszufinden, was uns wirklich wichtig ist und wofür wir mit unserer Intelligenz stehen wollen.

> „Am meisten fühlt man sich von der Wahrheit getroffen, die man sich selbst verheimlichen wollte."
> Friedl Beutelrock

Gleichzeitigkeit

Neben der Komplexität durch die Reizkombinationen gibt es eine weitere Dimension, über die die meisten von uns keinen Überblick haben: die vielen Aspekte eines modernen Lebens. Wir sind in so vielen Kontexten und verschiedenen Rollen unterwegs, dass es sich für viele von uns vorkommt, als stünden sie vor dem Mount Everest, wenn sie ihr Leben beschreiben oder sogar bewerten sollen.

Das Bild des majestätischen Gebirges hat einerseits etwas Großartiges, weil wir dadurch in dem Reichtum unseres Lebens schwelgen können. Auf der anderen Seite lähmt uns der Anblick des gewaltigen Berges bei dem

Versuch, einen konkreten Einstieg zu finden. Jede Motivation zur Selbsterforschung könnte angesichts der scheinbar unlösbaren Aufgabe sofort im Keim ersticken. Wo sollen wir anfangen? Wie können wir die Fülle unseres Lebens konkret erfassen und auch noch bewerten? Doch wenn wir auf die Leben anderer Menschen schauen, verwandelt sich der Mount Everest schnell in eine überschaubare Hügelkette. Da gibt es die Familie, die Freunde und Bekannten, den Job, den Kontostand (Besitz), die Hobbys, die Gesundheit, die Sexualität und die Spiritualität. Mit diesen 8 Aspekten des Seins lassen sich alle Leben, also auch unser eigenes, abbilden. Natürlich finden wir elefantös permanent gleichzeitig in allen Aspekten statt und natürlich sind die Aspekte bei jedem unterschiedlich ausgeprägt und lassen sich nur subjektiv messen. Auf einer Skala von 0-10: **wie viel Kraft gibt mir dieser Aspekt im Moment?**

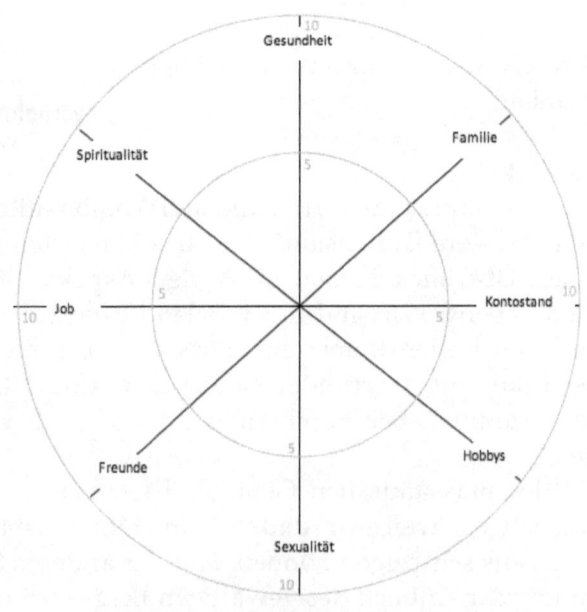

Kraftquellen fühlen sich für unseren Elefanten gut an, weil er permanent auf unsere Energieversorgung achtet. Anbei ein Beispiel:

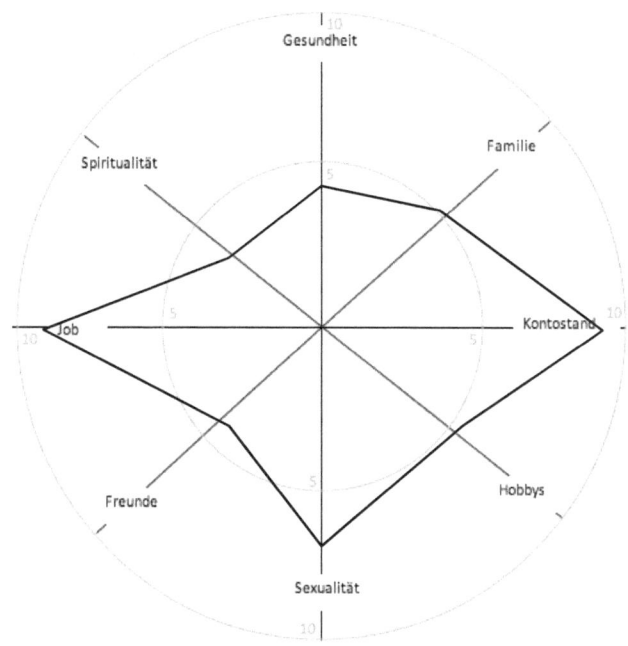

Wenn uns zum Beispiel unser Job Kraft gibt (Skalierungswerte über 5), sind wir bei beruflichen Themen wahrscheinlich tendenziell offener und belastbarer, als wenn er uns Kraft rauben würde (Skalierungswerte unter 5). Ob uns ein Aspekt Kraft raubt oder gibt, können nur wir selbst entscheiden. Jeder Aspekt kann sowohl durch viel als auch durch wenig Beachtung zur Kraftquelle werden. Außerdem fühlen sich die acht Aspekte für uns nicht alle gleich wichtig an, sodass eine weitere Skalierung Sinn macht.

Auf einer Skala von 0-10:
wie wichtig ist mir dieser Aspekt im Moment?

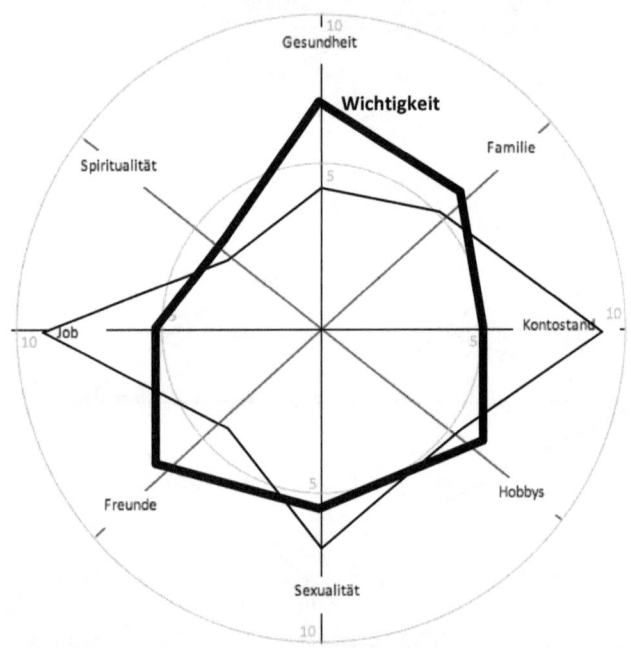

Mit diesem Kontrastbild der aktuellen Ausprägung und der Priorisierung unserer Kraftquellen können wir die gefühlten Reaktionen unseres Elefanten mit den Ambitionen unseres Reiters wesentlich besser abgleichen. Wo sind die relevanten Abweichungen? Welcher Aspekt wirkt sich negativ oder positiv auf die anderen aus? Worum sollten wir uns endlich mal auf eine neue, gemeinsame Art und Weise kümmern? Vielleicht sogar sofort?

„Wir sind nicht nur verantwortlich für das, was wir tun, sondern auch für das, was wir nicht tun."
Moliére

Wer mit den beiden Skalierungen der Wertigkeit und der Wichtigkeit und 5 Minuten Aufwand seinen persönlichen Status 1 - 4 pro Jahr updatet, hilft seinem Elefanten, den Verlauf der langfristigen Entwicklung zu erkennen. Wer dies sogar jede Woche oder jeden Monat macht, etabliert bei seinem Elefanten sogar die Gewohnheit, kurzfristige Prozesse in den 8 Aspekten zu fühlen und mit dem Reiter gezielt zu beeinflussen. Wir bekommen damit ein Mischpult, auf dem wir die Kräfte unserer Gefühle und unserer Kreativität intelligent kombinieren können.

Emotionen – das chaotische Kraftfeld des Lebens

Emotionen sind bewertende Prozesse zwischen uns und unserer Umwelt. Seien es Menschen, Hunde, Lurche, Bäume, Legosteine, Plüschtiere oder auch Farben, Formen, Töne, Melodien, Gerüche, Symbole und Begriffe – alles erzeugt in uns eine gefühlte Bewertung, wenn wir damit in Kontakt kommen.

Wie fühlt sich ein roter Stern an? Oder eine grüne Ampel? Oder der Begriff Zahnarzt? Oder Trump? Oder Klimawandel? Oder Urlaub? Oder Influencer? Oder Weihnachten mit der Familie? Oder Gleichberechtigung? Oder Gutmensch? Wir brauchen nur den Begriff zu hören und erhalten von unserem Elefanten sofort unsere individuelle Bewertung, die wir skalieren können.

„Auf einer Skala von 0 - 10, wie einsam sind Sie?"
„Darf ich die Skala mit nach Hause nehmen und mit ihr kuscheln?"

Mit manchen Symbolen, Plüschtieren oder auch Menschen, die wir nur über die Massenmedien kennen, ist dieser Austausch sehr einseitig. Aber trotzdem sind wir in der Lage, selbst indirekte Rückmeldungen aus dem Internet oder den Medien als neue Botschaften an uns persönlich zu verstehen, neu zu bewerten und neue e-motionale Signale nach außen zu senden, die uns wirklich wichtig sind.

All das ist keinesfalls dumm, sondern die Fähigkeitsbeschreibung unserer Spezialisierung als extrem-empathische Wesen.

Unser Einfühlungsvermögen ist so hoch entwickelt, dass wir uns unabhängig von Zeit und Raum in nahezu alles hineinversetzen, was wir wahrnehmen oder denken. Doch leider meistens, ohne dies bewusst zu bemerken. Erinnerungen, Fantasien, Hoffnungen und Träume - manche von uns sind sogar in der Lage, komplett eigene, für andere unsichtbare Welten zu erschaffen, mit denen sie im lebendigen Austausch stehen.

Unsere Gedanken sind frei und unsere Reiter haben heutzutage unendlich viele Möglichkeiten, unsere empfindliche Aufmerksamkeit auf neue Welten zu richten und hochgradig identifiziert zu konsumieren. Viele von uns fühlen sich von den globalen Mainstream-Büchern, Spielen und Filmen stark angezogen. Seit Jahren haben die HeldInnen auffällig oft Superfähigkeiten oder eine Knarre in der Hand und kaum jemand ist sich bewusst, welchen Einfluss diese Trends auf unsere Denk- und Wahrnehmungsgewohnheiten haben.

Eine Nonne geht spä abends an einer Knei pe vorbei. Da komm ein stark betrunkene Mann heraus, guck die Nonne an und gib ihr einen kräftige Tritt. Die Nonne stürz zu Boden. Sagt de Mann: „Na, Batman Heute nicht dei Tag!?

Die meisten Werbeclips zielen darauf ab, dass wir noch mehr Dinge haben wollen, die wir nicht brauchen, um Leute zu beeindrucken, die wir eigentlich gar nicht mögen. Aber was soll´s - solange wir dabei Emotionen spüren, können wir sicher sein, dass wir leben. Und damit ist der elefantöse Auftrag doch erfüllt - oder?

Die oftmals von gewinnorientierten Unternehmen ferngesteuerten Emotionen als Ursache unserer persönlichen Dummheit anzusehen, ist verlockend, aber leider nicht intelligent, **denn Emotionen können wir grundsätzlich nicht managen!** Wenn wir versuchen würden, unsere Emotionen ständig sofort zu reflektieren, wären wir nur eine hinterherhinkende Karikatur unserer selbst und wir wüssten immer noch nicht, was unsere Mitmenschen fühlen und wie sehr sie von ihren anderen emotionalen Schauplätzen beeinflusst sind, die mit uns und der aktuellen Situation möglicherweise überhaupt nichts zu tun haben.

Emotionen eignen sich nicht als Management-Ebene! Wir haben weder die Kapazitäten noch die Geschwindigkeit, um im emotionalen Dschungel intelligentes Verhalten zu erzeugen oder einzufordern. Selbst wenn wir in einem emotionalen Konflikt nur auf eine „objektive" Klärung aus wären, bräuchten wir uns nicht zu wundern, wenn uns von der anderen Seite vorgeworfen wird, dass es uns wieder mal nur um uns und unsere egoistischen Bedürfnisse geht.

Im Krisenfall bewusste Kontrolle über unsere emotionalen Beziehungen haben zu wollen, ist wie ein tobendes Feuer, das wir mit dem Öl unserer Aufmerksamkeit löschen wollen. Und weil unser IQ in unserer Betroffenheit bekanntlich gegen null sinkt, erkennen wir oft nicht, dass unsere emotionalen Aktivitäten weitere Verschlimmbesserungen und Schmerzen erzeugen. Diese Abwärtsspirale des Leides wird von unerkannten Elefanten meistens in Kauf genommen, weil sie hoffen, dass die gegenseitigen Verletzungen sie zumindest vor dem Schmerz der Einsamkeit bewahren. Um Krisen wirklich zu verändern, müssen wir aus dem emotionalen Dschungel wieder in unsere Gefühlswelt zurückkehren.

> „Auch die Bretter, die mancher vor dem Kopf trägt, können die Welt bedeuten."
> Werner Finck

Der Angst einen Schritt voraus sein, um sie willkommen heißen zu können

Unser Elefant signalisiert uns Angst, wenn er glaubt, dass etwas nicht in sein aktuelles Mindset passt und wir etwas Wichtiges verlieren könnten. Für die konkrete Alternativvorstellung muss der Reiter sorgen. Damit die Angst des Elefanten nicht automatisch zur Verweigerung der Zusammenarbeit mit dem Reiter führt, sollten wir die konkreten Ursachen systematisch erkennen:

Nr.	Ursache	Elefant:	Reaktion des Reiters	Erkenntnis
1	Überfordert	„ich kann das nicht!"	Was genau müssten wir lernen?	
2	Unterfordert	„ich kann mehr und fühle mich nicht wertgeschätzt!"	Was genau willst du zusätzlich machen?	

3	Mangel an Vertrauen	„Erinnert mich an den Schmerz einer (alten) offenen Rechnung mit...?"	Was genau sollten wir vorher mit wem klären?	
4	Inhaltliches Problem 1	Verwechslung: 2+2 =22?	Wie ist es richtig?	
5	Inhaltliches Problem 2	Etwas fehlt: 2+2=7?	Was genau fehlt?	
6	Inhaltliches Problem 3	Etwas ist zuviel: 2+2+2=4?	Was genau ist zu viel?	
7	Zeitliches Problem 1	„Es gibt jetzt Wichtigeres."	Was genau ist jetzt wichtiger?	
8	Zeitliches Problem 2	„Zu spät: es muss früher passieren."	Warum sollte es früher umgesetzt werden?	

Mit der Checkliste können wir der konkreten Angst des Elefanten auf die Spur kommen. Sobald die Ursachen erkannt sind, hat das „schlechte" Gefühl seine Funktion als Optimierungshinweis erfüllt und der Elefant entspannt sich für einen Moment. Diesen kann der Reiter nutzen, um eine Lösung anzustoßen, die in eine neue Richtung führt.

Vorfreude auf Veränderung

Realistisch gesehen kommt alles darauf an, ob unser Elefant mit der kommenden Veränderung ein Höchstmaß an Aufmerksamkeit und Wertschätzung durch unseren Reiter verbindet. Dass er mitmachen WILL, weil sich Veränderungsprozesse mit dem Reiter gut anfühlen. Besonders bei inneren Konflikten kann es nicht mehr um gut und böse oder falsch und richtig gehen, sondern um die Vorfreude, eigene Verwechslungen verständnisvoll und wohlwollend zu entwechseln.

Mit diesem wertschätzenden Inneren Dialog wird auch die Kommunikation mit unseren Mitmenschen neue Qualitäten, neue Perspektiven, neue Argumente und ein höheren Grad an Vertrauen und Verständnis erzeugen.

Probieren wir nun noch einmal konkret aus, wie wir in unserem Verantwortungsbereich des Gefühls-Managements Herausforderungen und Probleme intelligent bewältigen können.

Intelligenz-Test : Herausforderungen

Intelligenz besteht aus **Verstehen** und Verändern, um als Doppelsystem bei Herausforderungen gute Entscheidungen zu treffen. Also, worum geht es?

Vielleicht um einen inneren Konflikt oder einen in der Familie, beim Job oder um eine schwerwiegende Entscheidung?

☐ 1. Wie fühlt sich das Thema für deinen Elefant an? (0 – 10)

☐ 2. Wie wichtig (0-10) ist es für euch, dieses Thema proaktiv zu verbessern?

3. Wo steht dein Elefant mit dem Thema im Gefühlszyklus?

Denkt noch einmal kurz über die beiden Skalierungen und die Verortung nach, denn nur wenn wir ehrlich genug zu uns selbst sind (auf der Skala 8+), werden wir uns im Krisenmodus als Gefühlsmanager ernst nehmen und positive Konsequenzen erzeugen.

Die gefühlte Verortung des Elefanten entscheidet, welche Handlungsstrategie sich anbietet. Aber es gibt gefühlte Entwechslungsmöglichkeiten, die sich durch die Kombination beider Skalierungen erkennen lassen.

Werte über 5 bei der 1. Skalierung deuten auf eine Verortung in der Lust oder Erfüllung hin. Durch Werte über 5 bei der 2. Skalierung scheidet die Erfüllung aus, denn die braucht keine Optimierung.

Eine klare Verortung in der **LUST** (1. Skalierung über 7) hätte in der Regel keinen Optimierungsbedarf, außer ihr befürchtet, in einem **Suchtverhalten** zu stecken, das andere Facetten eures Lebens deutlich beschneidet.

Ein Eingeständnis, dass ihr doch in der Angst seid, wäre ein wichtiges Signal der Selbstehrlichkeit.

Werte unter 5 bei der 1. Skalierung deuten auf eine Verortung in der Angst oder Ohnmacht hin. Durch Werte über 5 bei der 2. Skalierung scheidet die Ohnmacht aus, denn Ohnmächtige glauben nicht mehr an eine Verbesserung aus eigenem Antrieb.

Eine Verortung in der **ANGST** erfordert zunächst Klarheit darüber, welchen Verlust dein Elefant **genau** befürchtet. Dein Reiter macht Formulierungsvorschläge und der Elefant skaliert seinen Zustimmungsgrad (0-10).

Erst danach kann es um die Entscheidung gehen, welche Ressourcen, Fähigkeiten und Verbündete ihr braucht, um den Verlust abwenden zu können.

Was müsstet ihr herausfinden, ausprobieren oder lernen? Wer könnte euch helfen? Welche Entscheidung könntet ihr als ersten Schritt treffen?

In der **OHNMACHT** ist meistens nicht einmal mehr genug Energie da, um zu formulieren, **was genau** wir loslassen müssten. Trotzdem haben wir eine Chance, den Prozess konstruktiv zu beeinflussen. Wir fragen unseren Elefanten, **wie lange** der Prozess des

Abschiednehmens dauern soll. Dafür machen wir ihm Terminvorschläge, die er skaliert (Zustimmung 0-10).
Wie lange glaubst du noch trauern zu müssen?
Zum Beispiel:

6 Stunden? ☐

6 Jahre? ☐

6 Tage? ☐

6 Monate? ☐

6 Wochen? ☐

Durch den höchsten Skalierungswert wird der gefühlt bestmögliche Zeitpunkt des Abschiednehmens skizziert und dein Elefant kann sich erst einmal (ein wenig) entspannen, denn das Licht am Ende des Tunnels durfte gesetzt werden. Wenn ihr ausreichend im selbstehrlichen Vertrauen seid, werdet ihr in diesem Zeitraum besonders darauf achten, herauszufinden was ihr bis dahin genau loslassen müsst.

Intelligenz bedeutet Verstehen und **Verändern**:
Eure Entscheidung:
was werdet ihr konkret ausprobieren?   Und wann?

1. _____

2. _____

3. _____

Teil 5
Globale Schwarmdummheiten

Dieser letzte Teil fühlt sich für mich besonders heikel an, weil es bei gesellschaftspolitischen Betrachtungen besonders viele Möglichkeiten gibt, Dummheiten in den eigenen Denkgewohnheiten miteinander zu verknüpfen, ohne dies zu erkennen.

Auf der anderen Seite ist es mir sehr wichtig, den Zusammenhang zwischen eigener und kollektiver Dummheit zumindest so zu skizzieren, dass möglichst viele Menschen neu darüber nachdenken können, welche Rolle sie selbst in der Gesellschaft spielen wollen.

Die so genannte **Stammespsychologie** ist nach wie vor der treibende Faktor unserer historischen Entwicklung. Es geht in erster Linie um das Wohl und den Vorteil der eigenen Familie, des eigenen Stammes, der eigenen Firma, des eigenen Volkes oder der eigenen Nation, die durch ein gemeinsames Feindbild zusammengeschweißt wird, wodurch interne Missstände in den Hintergrund gedrängt werden können. Dabei waren Propaganda und Fake News, Krieg, Vertreibung, Völkermord und Sklaverei über Jahrtausende akzeptierte Strategien, um die eigenen Stammesinteressen mit Hilfe von Gewalt, Ausbeutung und Unterdrückung durchzusetzen.

Bei der Marine nehmen sie jetzt nur noch Nichtschwimmer! Die verteidigen nämlich die Schiffe länger!

Andere Menschen aufgrund von Körpermerkmalen, Herkunft oder Religion abzuwerten und auszugrenzen braucht eine Legitimation. Religion und Wissenschaft waren leider schon immer willfährige Lieferanten von Argumenten, um die systematische Unterdrückung und

80

Ausbeutung von Minderheiten und militärisch Schwächeren zu rechtfertigen.

Seit der Entwicklung der Atombombe verringerte sich das kriegerische Strategieportfolio der dominanten Stämme, weil das Risiko einer Vernichtung des gesamten Lebensraums Erde extrem angestiegen ist.

Doch spätestens seit der kolonialen Globalisierung im 17. und 18. Jahrhundert hat sich ein neuer Megatrend entwickelt, der das althergebrachte Strategiemuster der Stammespsychologie erweiterte. Die wirtschaftlichen Interessen bekamen so viel Bedeutung, dass ein Schwarm seit dem nicht mehr zwingend auf eine gemeinsame Herkunft, Sprache oder Religion angewiesen ist, solange gemeinsam genug Profit erwirtschaft wird. Steigender Wohlstand durch Handel und Profitmaximierung gelten immer noch als DAS Mittel gegen kriegerische Auseinandersetzungen, waren und sind aber auch immer wieder DER Anlass für militärische Konflikte. Widersprüche bestimmen nicht nur unsere menschliche Natur, sondern auch die Geschichte.

Der Klimawandel
Auf den ersten Blick hat es GRETA THUNBERG 2019 in Davos auf den Punkt gebracht: der Glaube an Geld und den alternativlosen Zwang zum Wirtschaftswachstum sind unsere größten Probleme, wenn wir ALLE und die folgenden Generationen nachhaltig und menschenwürdig auf unserem begrenzten Planeten leben wollen.

Und Greta fragt auch, wie es dazu kommen konnte, dass die fundierten Erkenntnisse zur zunehmenden Gefährdung des Lebensraums Erde seit über 50 Jahren von den Mächtigen

„Jede Dummheit findet einen, der sie macht."
Tennessee Williams

81

zugunsten der Profitmaximierung ignoriert wurden und WEITER werden. Sie wirft ihnen verständlicherweise komplettes Versagen vor, denn ES KANN DOCH EINFACH NICHT SEIN, dass die Profitgier einzelner wichtiger ist, als die globale Menschenwürde und der Schutz der Erde.

Kann es nicht?
Warum kann die Antwort nicht lauten, dass „die Mächtigen" einfach nicht die Absicht haben, dass ALLE Menschen in menschenwürdigen Bedingungen auf diesem Planeten leben sollen, sondern nur so viele wie möglich, OHNE das vorherrschende System der Profit maximierenden Wirtschaftsordnung verändern zu müssen?

Weil es zynisch ist?
Das Große Wörterbuch der deutschen Sprache definierte 1999 zynisch als „eine gefühllose, mitleidlose, menschenverachtende Haltung." Doch noch wenige Jahrzehnte zuvor galt Zynismus lediglich als eine „die herrschende Moral- und Wertvorstellung missachtende Gesinnung".
Welche Moral- und Wertvorstellungen herrschen denn tatsächlich, die das von Greta angesprochene Versagen erklären könnten?

Die seit 400 Jahren weitgehend von Europa ausgehende Dominanz der wirtschaftlichen Entwicklung führte dazu, dass um 1800 ca. 1 Milliarde, um 1900 1,7 Milliarden und im Jahre 2000 etwas über 6 Milliarden Menschen lebten. 6 Milliarden atmende Chancen, ein erfülltes Leben zu führen und die Welt zu verbessern.

Der Optimist: „Das Glas ist halb voll!"
Der Pessimist: „Das Glas ist halb leer!"
Der Ingenieur: „Das Glas ist doppelt so groß wie es sein müsste."

Die Bevölkerung von heute 7,8 Milliarden wird nach Einschätzungen der Demoskopen der UNO im Jahre 2100 zwischen 7,3 und 16,6 Milliarden liegen, je nachdem, wie viele Kinder jede Frau in den nächsten Jahrzehnten durchschnittlich gebären wird. Das Schreckensszenario der unaufhaltsamen Überbevölkerung hat also nicht das Gewicht, das ihm viele zuschreiben, denn mit dem Anstieg der weltweiten (digital zugänglichen) Bildung wird es immer wahrscheinlicher, dass die globale Fertilitätsrate auf unter zwei Kinder sinken wird.

Auf der anderen Seite hat sich der Wohlstand in den letzten Jahrhunderten TROTZ der enormen Bevölkerungszunahme absolut gesehen stark vergrößert. Das eine Prozent hat zwar am allermeisten davon profitiert, aber auch die Prokopfeinkommen der 10% und der 90% sind deutlich gestiegen.

Zusammenfassend könnte ein Befürworter des bestehenden Wirtschaftssystems argumentieren, dass „90% einer rasant wachsenden Weltbevölkerung in den letzten Jahrzehnten von dem bestehenden System der Finanz- und Wirtschaftmärkte profitiert hat. Außerdem gibt der durch das bestehende System möglich gemachte technische Fortschritt immer mehr Menschen die Chance, ihre soziale Herkunft zu überwinden, um nicht nur finanziell, sondern auch gesellschaftlich aufzusteigen. Warum also mit von ideologischen Wahnvorstellungen getriebenen Experimenten alles riskieren? Besonders jetzt, angesichts der globalen Herausforderung des Klimawandels, müssen alle Ressourcen gebündelt werden, um mit einem erneuten

Seit Jahrzehnten erklären alle Eltern ihren Kindern: „Esst eure Teller leer, dann wird schönes Wetter!" Und was haben wir davon? Fette Kinder und eine Klimaerwärmung!

Technologiesprung wieder Herr der Lage zu werden. Und nur der anhaltende Verdrängungswettbewerb wird uns zur Höchstleistung treiben und unseren Fortschritt garantieren. Jede Form von sozialistischer Kooperationsfantasie ist ein irrwitziges Ideal, das durch sein Scheitern am Ende des letzten Jahrhunderts bewiesen hat, dass nur der Kapitalismus in der Lage ist, eine weitgehend demokratische Gesellschaft zu finanzieren."

Vielleicht sträuben sich jetzt bei einigen von euch die Haare, weil es eben einfach nicht sein DARF, dass diese Argumentation stichhaltig genug sein kann, um mehr desselben und damit die andauernde und zukünftig weiter steigende Ungleichverteilung zu rechtfertigen. Vielleicht glauben jetzt einige von euch, dass eine soziale Alternative, die eine gerechtere Verteilung und auch die letzten 10% der Menschheit mit im Fokus hätte, einfach bisher keine faire Chance hatte, weil die Macht des Kapitals zu erdrückend war. Möglicherweise.

Doch viel wichtiger ist es, zunächst zu verstehen, dass eine einheitliche Phalanx der Mächtigen NICHT existiert. Wer ernsthaft glaubt, dass unter den wirtschaftlichen Entscheidern und politischen Mandatsträgern dieser Welt Einigkeit herrscht, verschließt die Augen vor der geopolitischen und weltwirtschaftlichen Realität.

Ein Anwalt hat mit seiner Kanzlei Anlaufschwierigkeiten und beschwört den Teufel. Der kommt auch prompt und sagt: „Diese Woche haben wir ein Sonderangebot: Du kriegst perfekte Gesundheit, gewinnst jeden Prozess, bist für Frauen unwiderstehlich, jeden Morgen weißt du schon die Aktienkurse vom nächsten Tag, und dein Mundgeruch ist weg. Dafür bekomme ich sofort deine Frau und deine Kinder, und die werden auf ewig in der Hölle schmoren. Na, was sagst du?"
Der Anwalt stutzt, seine Augen verengen sich zu schmalen Schlitzen, er zieht scharf die Luft ein und murmelt: „Moment mal. Irgendwo muss da doch ein Haken sein ..."

Selbst im elitären und damit eigentlich überschaubaren Zirkel der Großmächte gibt es keine gemeinsamen globalen Entwicklungsziele, außer, dass jeder versucht, so viel wie möglich vom großen Kuchen abzubekommen. Das gemeinsame Ziehen an einem Strang erfolgt konsequent in entgegen gesetzten Richtungen, wodurch das empfindliche Gleichgewicht der Hochspannungen ohne Spielraum erhalten bleibt. Auch relativ „neue" Protagonisten wie China oder Indien sind mit ihren nationalen Interessen von vornherein so fest in das bestehende Spannungsfeld verstrickt, dass wir keine revolutionären Veränderungen erwarten können.

Nach außen hin gibt es in der Weltpolitik scheinbar eine gemeinsame Übereinkunft, sich an geschlossene Verträge zu halten, aber es gibt leider keine wirklich eindeutigen Verträge ohne Schlupflöcher, die von allen Beteiligten gleichermaßen interpretiert werden MÜSSEN. Und es gibt in den allermeisten Fällen keine einheitlichen Interpretationen und Zielvorstellungen innerhalb der Nationen. Dieses vielleicht schwerwiegendste Symptom der Uneinigkeit wird auf der anderen Seite immer wieder als Beweis einer demokratischen Meinungsvielfalt angesehen, wodurch schnelle und konsequente Veränderungsentscheidungen nahezu ausgeschlossen sind.

Ein Politiker machte neulich mit der Forderung „Frauen hinter den Herd" auf sich aufmerksam. Das ist doch wirklich Blödsinn, weil die Schalter doch vorne sind.

„... sehr dunkel die andere Seite ist, seeehhr dunkel!"
„Sei still Yoda, und iss deinen Toast!"

Wenn also GRETA oder irgendein anderer Aktivist, Politiker oder Wissenschaftler eine sofortige und relevante Veränderung der globalen Entwicklung von den Mächtigen verlangt, erreicht ihre Botschaft – und sei sie noch so richtig und klar – nur einen widersprüchlichen, in sich zerstrittenen, verdeckt paktierenden und weitgehend angstgesteuerten Empfängerkreis, der sich maximal darauf einigen kann, dass nicht leichtfertig irgendwelche Atombomben auf quertreibende Widersacher geworfen werden.

Wenn wir weiterhin darauf hoffen, dass sich die Mächtigen dieser Welt durch ein besonders hohes Maß an globaler Intelligenz auszeichnen, brauchen wir uns nicht über andauernde Enttäuschungen zu wundern. Nachhaltige Intelligenz, die sich auf mehr als den eigenen Vorteil und den des eigenen Stammes fokussiert, ist leider kein Auswahlkriterium für die allermeisten Protagonisten auf der Weltbühne unseres globalen Systems.

Schon 1992 beschrieb GÜNTER OGGER mit seinem Buch „Nieten in Nadelstreifen" die Qualitäten vieler Manager in den Chefetagen. Und Psychologen wie JENS HOFFMANN attestierten in den letzten Jahren auffällig vielen Führungskräften und Toppolitikern psychopathische Veranlagungen und narzisstische Störungen. Anstatt die Machtelite weiter vollkommen sinnlos zu diffamieren, schauen wir noch einmal auf den Umgang mit der Macht im Schwarm aus der Perspektive des Doppelsystems.

Was macht ein Politiker, wenn er ein Loch im Boot hat? Er bohrt ein zweites, damit das Wasser ablaufen kann.

Die Entstehung des Egos

Auszüge aus Wikipedia:
Ich ist ein Personalpronomen, mit dem die aussagende Person auf sich selbst verweist. Auch werden das Selbst, das Selbstbewusstsein als aktiver Träger des Denkens oder Handelns und das Selbstbild als Ich bezeichnet. Wissenschaftlich wird die lateinische Entsprechung Ego oft synonym verwen-

det, gelegentlich werden mit Ich und Ego aber auch zu unterscheidende Aspekte des Selbsts benannt.

Selbst ist ein uneinheitlich verwendeter Begriff mit psychologischen, pädagogischen, soziologischen, philosophischen und theologischen Bedeutungsvarianten. Im Sinn der Selbstbeobachtung, also in Bezug auf die Empfindung, **ein einheitliches, konsistent fühlendes, denkendes und handelndes Wesen zu sein**, dient er zur Reflexion, Verstärkung und Betonung des Begriffs Ich.

Dass Menschen einheitliche, konsistente – also widerspruchsfrei und dauerhaft fühlende, denkende und handelnde Wesen sein sollen, ist offensichtlich vollkommen absurd. Doch weil der globale Schwarm bis jetzt an diesem vollkommen unzutreffenden Menschenbild des ICH-sein-Wollen festhält, schauen wir uns die Entstehung des Konstruktes EGO noch genauer an.

Häschen kommt mit seinem Fahrrad an die Tankstelle und sagt: „Bidde volltanken!"
Tankwart: „Du hast wohl ´ne Schraube locker!?"
Häschen: „Kanndu auch gleich festmachen!"

1. Stabilität und Innovation

In unseren ersten Lebensmonaten geht es in der Regel nur darum, unseren Hunger zu stillen und unser Überleben zu sichern. Wir verstehen uns noch als WIR in der festen Verbindung mit unserer Mutter, die jedoch mit jeder Erfahrung außerhalb der Gebärmutter immer dünner wird.

Jeden Tag üben wir uns darin, in der Kommunikation mit unseren Eltern oder Bezugspersonen die beiden widersprüchlichen Säulen der Evolution Stabilität und Innovation gleichzeitig zu bedienen. Unser Elefant etabliert ständig neue Gewohnheiten, während unser Reiter gleichzeitig neue Zusammenhänge versteht und neue Signale sendet. Irgendwann können wir nicht nur unse-

ren Hunger, sondern auch unser Bedürfnis nach Berührung, Wärme und neuen Reizen kommunizieren.
Unsere Innere Landkarte wird dabei immer komplexer.
In den nächsten Jahren fangen wir an, unsere Position und unsere Bedeutung als Tochter oder Sohn zu erahnen. Wir können uns mehr und mehr in unsere Mitmenschen hineinfühlen und bewerten permanent, was sich in unserem Schwarm gut anfühlt und was nicht.

2. Zugehörigkeit und persönliche Bedeutung

Wenn sich unsere Vorstellung von uns selbst auf unserer Inneren Landkarte gefestigt hat, haben wir auch eine Vorstellung über die Gemeinschaft entwickelt, der wir uns zugehörig fühlen. Wir haben im Alltag und auf Feiern unsere Familie kennen gelernt, können unsere Spielkameraden und Nachbarn einordnen und wir sehen Menschen, die uns scheinbar fremd sind und nicht dazugehören sollen.

Ein Kind geht nachts am Schlafzimmer seiner Eltern vorbei, öffnet die Tür, schaut rein, dreht sich um und murmelt: „Und mich wollen die zum Psychologen schicken, weil ich am Daumen lutsche!"

Wir haben uns vom diffusen WIR zum zugehörendem ICH entwickelt. Nun steht im Vordergrund, so viel Aufmerksamkeit und Bedeutung wie möglich zu gewinnen, denn wir haben die Erfahrung gemacht, dass der Schwarm die Wünsche der besonders bedeutsamen Mitglieder priorisiert und damit auch Ungleichheiten, Privilegien und sogar offensichtliche Ungerechtigkeiten toleriert.

In vielen Fällen wird der Ehrgeiz der Kinder gefördert. Am Anfang ist die Aufmerksamkeit der Erwachsenen nahezu gleichzusetzen mit der Wertschätzung für das Kind. Doch irgendwann stellen die Erwachsenen einen Leistungsanspruch an ihre Aufmerksamkeit für das Kind. Ab diesem Zeitpunkt gibt es positive und negative Beachtungen. Jetzt zählt nicht mehr jedes Gekraxel als schönes Bild, sondern nur noch Werke, die etwas Originelles oder Neues beinhalten, mit denen sich unsere Eltern im Schwarm profilieren können.

Im Kindergarten wird auf die Anforderungen der Schule vorbereitet und die Kinder verstehen, dass positive Aufmerksamkeiten immer häufiger direkt an positive Leistungen geknüpft werden. Die eigene Bedeutung wird mehr und mehr im Wettbewerb mit anderen Kindern erkennbar. Positive Aufmerksamkeit und Wertschätzung werden zu einem immer knapper werdenden Gut, das es mit allen Mitteln zu erreichen gilt. Und immer öfter geht es um schneller, lauter und dreister, um vorne dabei zu sein.

Nun gibt es erste Momente, in denen der Beobachter zu erkennen glaubt, wie stark die Bereitschaft des Kindes ist, seine persönlichen Bedeutungsambitionen im Schwarm durchzusetzen und dadurch möglicherweise sogar seine Zugehörigkeit zu den „normalen" Stammesmitgliedern seiner Altersklasse zu riskieren. Wurde derart auffälligen Kindern früher noch ein starker WILLE nachgesagt, bekommen sie heutzutage oftmals ein starkes EGO zugeschrieben. Diese Zuschreibung wird allerdings oftmals widersprüchlich interpretiert. Einerseits wird ein großes Potential wahrgenommen, anderseits beschreibt ein starkes EGO die gefährliche Ambition, die eigene Bedeutung auf Kosten des Schwarms vergrößern zu wollen.

Aber ist das Streben nach wachsender Bedeutung im Schwarm sofort mit Dummheit gleichzusetzen?

„Wer zu laut und zu oft seinen eigenen Namen kräht, erweckt den Verdacht, auf einem Misthaufen zu stehen."
Otto von Leixner

Innovationen etablieren sich in den Organisationen und Gemeinschaften, wenn neue (jüngere) Mitglieder sich mit ihren neuen Zielvorstellungen durchsetzen. Somit ist das Streben nach wachsender persönlicher Bedeutung zunächst einmal nur Ausdruck der reiterlichen Innovationsambition und könnte den Schwarm voranbringen und besser an seine Umwelt anpassen.

Zwei Pfarrer unterhalten sich über die Kollekte. Der erste meint: „Ich nehme mir immer die Scheine raus. Das Kleingeld bekommt der Herr." Sagt der zweite: „Also ich mache das anders. Ich nehme die ganze Kollekte, werfe sie hoch und sage: 'Nimm, Herr, was du brauchst.' Und was wieder herunterfällt, gehört mir."

Doch es gibt jeden Tag Millionen von ambitionierten Innovatoren auf dieser Welt, die frustriert einsehen müssen, dass nicht die visionäre Qualität ihrer Innovation, sondern ihre kurzfristige Verträglichkeit mit den bisherigen Systemanforderungen der Stabilität durch Wirtschaftswachstum und Gewinnmaximierung zählt.

Wie reagiert ein (junger) Innovator, der etwas in seiner Organisation bewegen will, nachdem er enttäuscht einsehen muss, dass es den Mächtigen prinzipiell nur um Machterhalt und mehr desselben geht? Wenn er versteht, dass in seinem persönlichen Umfeld nicht Neugier und Innovation, sondern Gier und Profit zählt?

Möglicherweise wird er sich vollkommen umorientieren und sich ein ganz neues Betätigungsfeld suchen. Aber viel wahrscheinlicher ist es, dass er beschließt, in den geforderten Disziplinen besser zu werden, um seine Kontrahenten irgendwann ausstechen zu können.

Auf dem langen Weg durch diese Mühle wird von seinen innovativen Ansprüchen wahrscheinlich nicht mehr viel übrigbleiben, so dass es auch ihm am Ende nur noch darum gehen kann, seine Macht zu erhalten. Schließlich wird er seiner Sucht nach Macht alles unterordnen und die nächste Generation vor die gleiche, unlösbare Aufgabe stellen, vor der auch er damals stand. Damit schließt sich der Kreis im tragischen Spiel der EGO-Einzelsysteme und keinem der Beteiligten lässt sich persönlich vorwerfen, dass sie ihren Beitrag aus eigener Absicht geleistet haben, weil sie doch nur dem Lauf der Traditionen gefolgt sind.

Als Doppelsystem können wir **Gier** und **Neugier** unterscheiden. Beide Begriffe haben gemeinsam, dass sie ausdrücken, dass wir etwas wollen. NEUGIER bezeichnet unsere Motivation, etwas Neues kennenlernen und verstehen zu wollen, während GIER sich auf etwas Bekanntes bezieht, von dem wir mehr besitzen wollen. Unser Elefant glaubt zunächst, dass er mit MEHR grundsätzlich mehr Stabilität erzielt. Nur im Dialog mit unserem Reiter kann er lernen, dass alles eine Frage der Dosis ist und jedes Suchtverhalten schwerwiegende Nebenwirkungen für uns, für die Gemeinschaft und das Gesamtsystem Erde mit sich bringt.

Xi Jinping:„Wir fliegen demnächst zum Mars."
Trump:„Wir sind greater – wir fliegen zur Sonne!"
Putin:„Aber dort ist es doch viel zu heiß!"
Trump:„Wir sind nicht nur greater, wir sind auch schlauer! Wir fliegen natürlich nur nachts!"

Als abzusehen war, dass die Internetkonzerne große Teile der Wirtschaftsstrukturen umkrempeln würden, hatten viele Menschen die Hoffnung, dass sich mit der Digitalisierung auch neue, intelligente Prämissen in der globalen Wirtschaft etablieren würden. Viele träumten von intelligenter, nachhaltiger Unternehmensentwicklung, von Open Source und Konsumenten, die sich in selbstbewusste Entscheider, Entwickler und Wähler verwandeln würden, um neue, gute Produkte und Politik demokratisch mitzugestalten.

Doch die momentane Situation lässt eher darauf schließen, dass Facebook, Google, Amazon und Co massiv darauf achten, an den alten Prämissen des Wachstums und der Gewinnmaximierung festzuhalten und ihren Beitrag zum Allgemeinwohl durch Steuerminimierung, Ressourcenverschleierung und massiver Konsumentenmanipulation so klein wie möglich zu halten.

Der Kern der wirtschaftlichen Schwarmdummheit

Der Erfolg der alten Prämissen des Wachstums und der Gewinnmaximierung basiert auf dem Märchen vom souveränen und bewussten **Homo Oeconomicus**, der durch seinen klaren Verstand und seine umfassende Informationslage das Angebot und die Nachfrage des freien Marktes schwarmgenial steuern würde, weshalb jede ernstzunehmende Regulierung zu Gunsten des Gemeinwohls schädlich für die Weltwirtschaft sein soll.

Dieses perfide Märchen hat Milliarden von Menschen dazu gebracht, sich mit einer wahnsinnigen Idee zu identifizieren, die weit über die Schädlichkeit des ICH-sein-Wollens hinausgeht, denn als Homo Oeconomicus tragen WIR SELBST die Verantwortung, wenn wir im Wirtschaftskampf schlecht abschneiden. Wir waren nicht gut, nicht clever, nicht schnell genug. Wie kleine Kinder im vollen Schuldbewusstsein hinterfragen wir nicht, ob die Anforderungen überhaupt erfüllbar, ob das System überhaupt tragfähig oder vielleicht sogar komplett verrückt ist, sondern arbeiten uns verzweifelt an unserem Optimierungswahn ab.

> „Hast du deine neuen Schuhe an?" fragt der Schotte. „Ja Papa." „Dann mach gefälligst größere Schritte!"

Um dieses von den Wirtschaftswissenschaften seit einem Jahrhundert offensiv vermarktete Märchen zu entlarven, reichte es bis jetzt offensichtlich nicht aus, dass die alles durchdringende Werbeindustrie GLEICHZEITIG unseren unbewussten Elefanten (den es im Homo Oeconomicus eigentlich gar nicht geben dürfte) hemmungslos dazu bringt, als Konsumenten mit Geld, das wir nicht haben, immer mehr Dinge zu kaufen, die wir nicht brauchen, um Menschen zu beeindrucken, die wir nicht mögen. Dummerweise fühlen sich viele Menschen durch ihre Mitgliedschaft in der Konsumgesellschaft immer noch gut genug belohnt, um diese kranke Kompensation weiterhin mitzutragen.

Und auch die britische Wirtschaftwissenschaftlerin **Kate Raworth** scheint es bis jetzt noch nicht geschafft zu haben, die Wahnvorstellung des souveränen Homo Oeconomicus mit ihrem fantastischen Buch „DIE DONUT-ÖKONOMIE – ENDLICH EIN WIRTSCHAFTSMODELL, DAS DEN PLANETEN NICHT ZERSTÖRT " in den Wirtschaftskreisen zu pulverisieren.

Treffen sich zwei Schüler. Sagt der eine zum anderen: „Hast du schon etwas von der neuen Rechtschreibung gehört?" Sagt der andere: „Nein, ich bin Linkshänder!"

Seien es nun Erkenntnisse von KATE und anderen Wissenschaftlern mit nachhaltiger Perspektive oder Emotionen von GRETA und Millionen Schülern auf der ganzen Welt - die Mächtigen scheinen keine wirkliche Veränderung zu wollen, obwohl auch Top-Influencer wie der Gründer des Weltwirtschaftsforums in Davos – **Klaus Schwab** - immer wieder öffentlich beteuern, „dass es ein grundsätzliches Umdenken geben müsste".

Ist es da wirklich zynisch oder einfach nur intelligent, wenn wir endlich akzeptieren, dass das oberste Prozent von dem obersten einem Prozent (also ungefähr 750.000 Menschen, die mehr als 20 Millionen Dollar besitzen), nicht gewillt ist, ihre privilegierte Position im Schwarm aufzugeben? Und nichts davon hören will, dass übermäßiger Reichtum unzweifelhaft mit einem gigantischen ökologischen Fußabdruck einhergeht?

Aber mal ganz ehrlich: würdet ihr es tun? Würdet ihr auf mehrere Millionen Dollar verzichten, die ihr jedes Jahr bekommt, ohne irgendetwas dafür leisten zu MÜSSEN? Würdet ihr auf ein Leben verzichten wollen, in dem ihr JEDES JAHR WIEDER fett im Lotto gewinnt und der Drittwohnsitz auf einem karibischen Inselstaat erhebliche Steuervorteile bringt? Würdet ihr auf irgendwas verzichteten, wenn ihr wüsstet, dass eure Konkurrenten dann sofort in die Lücke springen?

Oder könnte es nicht sein, dass euer Elefant auch einfach weitermachen würde wie bisher, während euer Reiter entweder kleinlaut Argumente sammelt, warum das mit dem Klimawandel doch nicht so schlimm werden wird oder lauthals verkündigt, wie sozial ihr die Armen in den Entwicklungsländern unterstützt?

> Treffen sich zwei Planeten. Sagt der eine: „Oh je, geht es mir schlecht ..." Der andere: „Was hast du denn?" „Ich glaube, ich habe Homo Oeconomicus ..." „Macht nix, habe ich auch mal gehabt, das geht von alleine wieder vorbei!"

Die unabwendbaren Folgen des Klimawandels sind schon jetzt kaum noch überschaubar. Sehr wahrscheinlich werden viele Lebensräume vernichtet und viele, zumeist ärmere Menschen werden sterben oder zur Klimaflucht gezwungen, während sich die Naturkatastrophen auf dem ganzen Planeten immer weiter zuspitzen.

Möglicherweise gibt es schon Berechnungen, die darauf hindeuten, dass jedes globale Umverteilungsszenario bei bleibenden Machtverhältnissen in einem planetaren Chaos enden würde.

Möglicherweise setzen die Strategen des jetzigen Wirtschaftssystems deshalb darauf, dass der anhaltende Klimawandel schon in absehbarer Zukunft dazu taugt, dass er als „äußerer Feind" den großen Teil des globalen Schwarms zusammenschweißt und den inneren Widerstand zusammenbrechen lässt.

Und für die Kosten der zukünftigen Entwicklung gibt es nicht erst seit den letzten Finanzkrisen ein bekanntes Muster, an denen wir uns orientieren können: wenn es wirklich systemrelevant wird, zahlen es nicht die Stakeholder, sondern die Allgemeinheit.

> Nach einem heftigen Börsencrash unterhalten sich zwei frustrierte Broker: „Hast du dir auch schon eine Pistole gekauft?" Darauf der andere: „Wovon denn?"

Eigentlich wären 750.000 Menschen nicht einmal genug, um eine Wahl auf Jamaika zu gewinnen. Aber es gibt eben die 750 Millionen Menschen, die immer noch fest daran glauben, dass nur die wirtschaftliche Wachstumsprämisse ihre Sicherheit und Stabilität gewährleistet und deshalb fast einheitlich weiter die politischen Prediger des Wachstumswahns wählen.

Und es gibt die Milliarden Nachahmer, die angesichts der globalen Entwicklung verständlicherweise immer stärker daran glauben, dass ihr Überleben nur gesichert sein wird, wenn sie es zumindest schaffen, in den 10%-Schwarm aufzusteigen.

> „Die Zukunft soll man nicht voraussehen wollen, sondern möglich machen."
> Antoine de Saint-Exupery

Somit könnte sich mit großer Wahrscheinlichkeit die verhängnisvolle Spirale der Schwarmdummheit immer weiter zuspitzen. Die Herrschaft der Stammespsychologie scheint in ihrem aktuellen Gewand des globalen Kapitalismus alternativlos. Selbst qualifizierte Populär-Wissenschaftler kommentieren in den Massenmedien achselzuckend, dass „wir Menschen halt so sind."

Aber müssen wir so bleiben?
Einige Menschen entscheiden sich dafür, keine Kinder in die Welt zu setzen, weil sie Angst vor der Zukunft haben und ihren ökologischen Fußabdruck nicht weiter vergrößern wollen. Aber viele, die etwas in diesem System zu verlieren haben (und sei es nur den sauer verdienten Rentenanspruch oder eine abbezahlte Doppelhaushälfte), beschleicht mehr und mehr das Gefühl, dass diejenigen auf jeden Fall verlieren werden, die sich als erste aus dem Schwarm der bisherigen Systemgewinnler herausbewegen.

Bleibt uns also nichts anderes übrig, als weiter für das Brot dieser Welt zu spenden, gewissenhaft unseren Müll zu trennen und uns vor unseren Kindern schuldbewusst zu rechtfertigen, dass es keine Alternative gibt, außer auf den technischen Fortschritt zu hoffen, der die Weltuntergangsgläubigen eines Besseren belehren wird? Und alles nur, damit wir an unserem persönlichen Umdenken vorbeikommen?

> „Jeder junge Mensch macht früher oder später die verblüffende Entdeckung, dass auch Eltern gelegentlich Recht haben können."
> André Malraux

Zu Recht werden sich unsere Kinder von uns und den anderen Verantwortlichen des bestehenden, „bösen" Systems unabhängig machen wollen. Aber momentan ist die Wahrscheinlichkeit groß, dass sie ohne unser Umdenken tragischerweise irgendwann feststellen werden, dass sich durch ihre Proteste nicht wirklich etwas verändert hat, außer dass sie dabei immer älter wurden.
Auch wir glaubten damals, dass uns nichts weiter übrigbleiben würde, als vor der Welt unserer Eltern zu

fliehen, als das Damoklesschwert des „bösen" Atombombenknopfes über uns schwebte. Und auch unsere erwachsenen Kinder werden sich vielleicht irgendwann daran gewöhnt haben, dass es mit der Klimaungerechtigkeit einfach ein weiteres Symptom der fortschreitenden Ungleichheit gibt, die uns hoffentlich nicht alle in den Abgrund ziehen wird.

Aber was genau bedeutet Umdenken eigentlich?
Um das grausame Muster der andauernden Schwarmdummheit zu durchbrechen, müssen wir auf zwei Ebenen neue Gedanken finden, denen wir auch unter Druck vertrauen können:

> **„Wenn du die Absicht hast, dich zu erneuern, tu es jeden Tag."**
> Konfuzius

1. Unser Selbstverständnis als Mensch
Die Stammespsychologie beherrscht uns nur im Menschenbild des Einzelsystem-EGOs. Als Doppelsystem aus Elefant und Reiter verstehen wir das Andere, Fremde, Neue nicht als böse oder gefährlich, sondern als WERTVOLLEN und NOTWENDIGEN IMPULS für unsere Entwicklung. Genauso, wie eine Familie degeneriert, wenn sie keine fremde Genetik bekommt, verkümmern die innovativen Anpassungskräfte einer Gesellschaft, wenn sie keine neuen Mitglieder und Ideen willkommen heißt.

Als Doppelsystem sind wir in der Lage, unsere Gefühle zu managen, und müssen unsere Zugehörigkeit zu unserem Schwarm nicht als Reflex unserer Angst über alles stellen. Als Doppelsystem werden wir uns unseren echten Bedürfnissen und unserer Beteiligung

> **„In dunkeln Zeiten wurden die Völker am besten durch die Religion geleitet, wie in stockfinstrer Nacht ein Blinder unser bester Wegweiser ist; er kennt dann Wege und Stege besser als ein Sehender. Es ist aber töricht, sobald es Tag ist, noch immer die alten Blinden als Wegweiser zu gebrauchen."**
> Heinrich Heine

an der Schwarmdummheit mehr und mehr bewusst und können unseren Stamm erneuern und auf Wege führen, die gut für die Bevölkerung und den gesamten Planeten sind.

2. Unser Glaube

Unsere Gedanken sind frei, aber was wir glauben, entscheidet unser Elefant. Der Glaube formt unsere Vorstellung von der Zukunft und besitzt als Fähigkeit eine biologische Funktion, die wesentlich tiefer ansetzt, als jede religiöse Vorstellung. Glauben heißt fähig zu sein, zu entscheiden, ohne wirklich zu wissen. Dies ist eigentlich keine große Sache, denn wir müssen jeden Tag hunderte von kleinen und großen Entscheidungen treffen, deren Konsequenzen wir nicht überblicken können. Trotzdem herrscht auch bei diesem Begriff vielerorts große, systematische Schwarmdummheit.

Um die **biologische Funktion des Glaubens** konkret zu verstehen, ist ein Beispiel aus der Vor- und Frühgeschichte hilfreich.
Zwei Jäger hatten sich in das übernächste Tal vorgewagt und bekamen nun den intensiven Geruch von Wölfen in die Nase. Ein großes Wolfsrudel war nicht nur eine ernstzunehmende Gefahr für sie, sondern auch für ihre Sippe. Deshalb überlegten sie, wie sie ihre Fährte verwischen konnten, damit sie die Wölfe nicht unbeabsichtigt zu ihrem Lager führen würden. Also gingen sie auf ihrem Rückweg mehrere Umwege durch kleine Bäche und über karge Felsformationen, bis sie irgendwann entscheiden mussten, dass es reicht. Sie mussten daran glauben! Wären sie nicht in der Lage gewesen, eine Entscheidung zu treffen, obwohl sie

> Ein Religionslehrer erklärt den Schülern die Entstehung des Menschen: „.... und deshalb sind Adam und Eva unsere Vorfahren!" Meldet sich Max: „Aber meine Eltern sagen, wir stammen vom Affen ab." Daraufhin der Religionslehrer: „Wir reden hier auch nicht von deiner Familie!"

keinen sicheren Informationshintergrund hatten, würden sie wahrscheinlich immer noch in diesem Tal herumirren und uns hätte es als ihre Nachfahren nie gegeben.

Doch was passiert, wenn sich die Glaubenden nicht einig sind? Weil die eine dem anderen nicht BEWEISEN kann, dass die befürchtenden Konsequenzen durch die eingeleiteten Maßnahmen ausbleiben werden?

„Was nützt die Freiheit des Denkens, wenn sie nicht zur Freiheit des Handelns führt?"
Jonathan Swift

Nur ganz selten können wir im Sinne der zweiwertigen klassischen Logik sicher sein, dass eine Aussage entweder richtig oder falsch ist. Zwei plus zwei ist vier, egal ob wir Birnen, Menschen oder Planeten zählen. Nur in diesen Fällen ist es intelligent, von EINER Wahrheit auszugehen.

Der überwiegende Teil unseres Lebens besteht aus hochkomplexen Fragestellungen mit subjektiven Wahrnehmungen, (unbewussten) Absichten und Annahmen, sodass unser Glaube die Art und Weise bestimmt, wie wir zu (gemeinsamen) Erkenntnissen und Lebensweisen kommen.

Was wir über die Welt glauben, hängt von unseren Erfahrungen und Erinnerungen, also von den aktuellen Denkgewohnheiten unseres Elefanten ab und von dem Energielevel unseres Reiters, der bestimmt, ob etwas in Frage gestellt werden kann und wo es Spielraum für neue Erkenntnisse gibt.

Eine ältere Frau steht nackt vor dem Spiegel und sagt dann seufzend zu ihrem Mann: "Ich fühle ich mich sehr alt. Meine Haut ist schrumpelig und schlapp, meine Brüste hängen beinahe bis zur Hüfte und mein Hintern ist total dick geworden! Bitte sag jetzt etwas Positives über mich, damit ich mich ein wenig besserfühle!" Er überlegt einen Moment und meint dann: "Na, wenigstens scheint mit deinen Augen noch alles in Ordnung zu sein!"

Eine zentrale Rolle spielt hierbei unsere Definition des Begriffes WAHRHEIT. Wenn wir erkennen, dass die Welt das ist, was wir GLAUBEN, was sie ist, können wir sie durch unsere Denkgewohnheiten und neue Erkenntnisse verändern. Wenn wir glauben, dass es für JEDE noch so komplexe Frage nur EINE richtige und unveränderliche Antwort gibt, die natürliche wir selbst besitzen, werden wir nicht aufhören können, die anderen zu bekämpfen.

Von einem bestimmten Blickwinkel aus betrachtet gibt es keinen Unterschied zwischen dem Glauben an Gott oder an die Wissenschaft, die von sich behauptet, dass sie kein Gotteskonstrukt braucht. Beide Formen beinhalten Phänomene, die niemand beweisen kann.
Aus einer anderen Perspektive lassen sich fundamentale Unterschiede erkennen. Gläubige halten an dem für sie Unveränderlichen fest, während die Anhänger der Wissenschaft sich bemühen, die Lücken im Wissen systematisch zu erkennen und mit Hilfe neuer Erkenntnisse zu schließen. Aktuell geht die Wissenschaft davon aus, dass lediglich 4,6% des Universums aus Materie besteht, die für uns erforschbar ist. Dazu kommen 23% Dunkle Materie und 72% Dunkle Energie, die als theoretische Werte aufgrund der Abweichung der berechneten und beobachteten Expansionsgeschwindigkeit des Universums bzw. der Umlaufgeschwindigkeit von Sternen definiert werden. Die Wissenschaft glaubt demnach im Moment, dass sie nicht einmal 5% des

Ein evangelischer, ein katholischer Priester und ein Rabbi kaufen sich neue Autos. Als Waschtag angesagt ist kippen die Pfarrer einen Eimer Wasser über ihre Autos. Der Rabbi guckt sich das ganze nachdenklich an. Dann geht er in die Werkstatt, holt eine Säge und sägt ein Stück vom Auspuff ab. Seine Frau fragt: „Was machst du denn da?" Sagt der Rabbi: "Wenn die Zwei ihre Auto taufen können, dann kann ich meins auch beschneiden.

100

Universums beweiskräftig erfassen kann. Bemerkenswerterweise sollen diese 4,6 % aber auszureichen, um unsere Welt irgendwann nahezu vollkommen erklären und intelligent beeinflussen zu können.

ALLE Religionen haben irgendwann einmal als kleine Sekten angefangen, die bessere, überzeugendere oder praktischere Antworten auf schwierige Fragen oder ungeklärte Naturphänomene hatten als ihre Mitbewerber. Wer innovative Werkzeuge entwickeln oder das Feuer kontrollieren konnte, brachte der Gemeinschaft einen klar erkennbaren Vorteil und erwarb besondere Privilegien. Wer das Einsetzen von Ebbe und Flut, das Erscheinen einer Sonnenfinsternis oder den Regen voraussagen konnte, gewann damit auch das Mandat, die Regeln des Lebens und des Todes nach dem Willen der allmächtigen Götter zu deuten. Damit erwarben die ersten Priester das übergreifende Vertrauen, um eine starke Gemeinschaft aufbauen, die nicht nur auf dem Nutzen im Alltag beruhte, sondern auch eine kollektive Identität erschuf, die sich nach außen zu anderen Stämmen abgrenzen ließ.

Gemeinschaften brauchen Regeln, die Orientierung geben. Intelligente Regeln ermöglichen einen sinnvollen Umgang mit Stabilität und Innovation und tragen in sich die Fähigkeit zur Weiterentwicklung.

„Wenn Katholiken protestieren gehen, werden sie dann zu Protestanten?"

Obwohl viele religiöse Regeln auf aus heutiger Sicht skurrilen Geschichten beruhen und OFFENSICHTLICH nicht mehr zutreffen, halten auch heutzutage überraschend viele Gläubige an ihren überkommenen Bekenntnissen fest. Wie bei jedem einzelnen Menschen sind nicht mehr zutreffende, aber weiter unveränderbare

Glaubenssätze auch bei Gemeinschaften eine schwerwiegende Ursache der Schwarmdummheit.

Weil vielen Gläubigen schon von klein auf an beigebracht wird, dass es „religiöse Gefühle" gäbe, die als heilige Kuh ihrer Identität und Schwarmzugehörigkeit gegen jegliche Angriffe der profanen Kritik auf jeden Fall verteidigt werden müssen, wird jeder praktische Zusammenhang zwischen Glauben, Religion und Dummheit aggressiv tabuisiert. Ohne Scham wird in vielen Religionen sogar über Jahrhunderte alte Dogmen gesprochen, die von den Gläubigen einfach nicht hinterfragt werden DÜRFEN.

Die Dogmen in der Wissenschaft halten sich in der Regel nicht solange, weil sie oftmals mit ihren autoritären Vertretern aussterben.

Vor fast 180 Jahren schrieb KARL MARX, dass die Religion das Opium des Volkes sei. Auf der anderen Seite spielen viele Gläubige aller Religionen die wahrscheinlich größte und wertvollste Rolle bei der Unterstützung der Armen, Schwachen und Benachteiligten.

Um die stammesreligiösen Schwarmdummheiten zu erkennen, ist es jedoch viel wichtiger, auf die Rolle des Klerus zu schauen. Die Top-Funktionäre der Religionen wollen mit aller Kraft die bestehenden Verhältnisse erhalten, weil sie dummerweise (oder vielleicht doch zu Recht?) glauben, dass ihre Existenz sonst nicht zu rechtfertigen wäre.

In allen Religionen wird nach wie vor DIE Grenze zu den ANDEREN gezogen. Und obwohl alle Religionen einen gemeinsamen ethisch-moralischen Kern haben (GOLDENE REGEL), wird besonders in den monotheis-

Der frischgebacke ne Priester unter hält sich mit sei nem Seniorkolle gen. „Also was ich eben bei der Beich te gehört habe. Da geht ja einem de Hut hoch!" „Ja also, Herr Kol lege! Den Fehle machen viele An fänger, dass sie ihren Hut auf de Schoss legen."

tischen Formen mit Alleinstellungsanspruch um Markt-
anteile gekämpft und grausame Verbrechen – selbst gegen die eigene Lehre – begangen und gefördert.

Der dumme Glaube an gut und böse

Wenn wir unsere Schwarmintelligenz begünstigen wollen, können wir nicht erwarten, dass der Klerus als
Nutznießer des Systems das Bestehende verändert. Für
ihn ist die historische Entwicklung eine einzige
Erfolgsgeschichte. Welche anderen Organisationen
können schon von sich behaupten, dass sie Jahrtausende
überdauert haben? Aber reicht dies als Rechtfertigung
ihrer Unantastbarkeit?
Trotz aller Ungerechtigkeit, Grausamkeit und Verbrechen gegen die Menschlichkeit sind die heutigen Weltre-
ligionen in ihren angestammten Territorien wohlhabend
und systemrelevant und können es sich immer noch leisten, an überkommenen und gesellschaftsschädigenden
Dogmen und Verhaltensweisen festzuhalten.

Der Wandel vom Menschen als Einzelsystem-EGO, das
durch das Versprechen von Himmel und Hölle von
dogmatischen Autoritäten gesteuert wird, zum Doppelsystem, das seine spirituellen Verhaltensmuster reflektiert und bei Bedarf verändert, muss aus uns selbst he-
rauskommen.
Wir glauben also entweder weiter an die ein-
fältigen und absurden Geschichten von gut
und böse in den Gotteshäusern, im Internet
oder in den Mainstreamfilmen dieser Welt o-
der wir verstehen uns als intelligente Wesen,
die sich gegenseitig dabei unterstützen, bestehende Feindbilder in den Denk- und Bewertungsgewohnheiten ihrer unbewussten Elefan-

> „Das Wort Krise
> setzt sich im Chine-
> sischen aus zwei
> Schriftzeichen zu-
> sammen – das eine
> bedeutet Gefahr
> und das andere
> Gelegenheit."
> John F. Kennedy

ten zu überwinden. Wenn wir unsere religiösen Feind-schaften, den strukturellen Rassismus und die andau-ernde Diskriminierung von Frauen und Minderheiten in unseren Denkgewohnheiten weiter tolerieren, werden wir nicht die gemeinsame Kraft entwickeln können, um die globale Herausforderung des Klimawandels konse-quent zum Wohle aller zu bewältigen.

Auch **Gunther Dueck** bemängelt zu Recht den weltweit einhelligen, in der Sache jedoch sehr widersprüchlichen Kampf gegen das BÖSE. Diese vorgetäuschte Kriegser-klärung sorgt seit Jahrtausenden dafür, dass das „Böse" auf den Inneren Landkarten der Menschen eine stam-mespsychologische Größe mit all ihren dummen Ne-benwirkungen bleibt. Dass es bei den kriegerischen Auseinandersetzungen in der Regel ganz banal um Geld, Macht und Einfluss geht, scheint kaum jemanden aufzufallen.

Würde es wirklich grundsätzlich böse Menschen geben, könnten wir sie in zwei Kategorien einteilen: die intelli-genten Bösen, die unsere Kampfenergie nutzen, um sich als Opfer darzustellen und ihre Ziele noch einfacher zu erreichen. Und die dummen Bösen, die wir sicherlich positiv beeinflussen könnten, wenn wir sie nicht von vornherein als böse abgestempelt hätten.

Das Beharren auf gut und böse ist Schwarmdummheit in seiner reinsten Form und macht die Stammespsychologie nahezu unangreifbar. Wir sollten - wenn wir schon gegen etwas kämpfen wollen, gegen die Dummheit kämpfen! Und zwar bevorzugt erst einmal gegen unsere eigene.

„Jesus sagt nicht, dass das Reich Gottes ir gendwann kom men werde, son dern, dass es jetz schon da ist un es an uns liegt, ol wir darin leber wollen.
Claus Peterser

104

Mitfühlende Menschen, die die Welt in gut und böse einteilen, fangen in Krisen oft an, sich selbst zu entwerten. Dass sie böse sind, weil sie an ihrem Wohlstand festhalten wollen. Dass sie ignorieren, dass im globalen Nullsummenspiel andere Menschen die Zeche für ihr egoistisches Verhalten zahlen müssen. Dass sie zu faul, zu feige oder zu gierig sind und den Hals nicht vollkriegen können. Weil es in der Natur des Menschen liegt, böse zu sein, weil wir schon immer gesündigt haben und es immer wieder tun werden. Bullshit!

Heftige Schuldgefühle, Vorwürfe und (Selbst-)Hass sind gängige Krisenreaktionen von Menschen, die zwar intensive Verbindungen zu ihrer Religion haben, aber kaum Kontakt und keine Wertschätzung für ihren unbewussten Elefanten. Ähnlich wie auch im weit gefächerten Korridor der Depressionen entscheidet die Qualität des Umgangs mit sich selbst über die Ergebnisse einer Krise. Und solange wir nicht akzeptieren, dass wir ein geniales, über Millionen Jahren entwickeltes Doppelsystem sind, können wir im Krisenfall nicht kooperativ mit uns und unseren Mitmenschen umgehen, können unsere Gefühle nicht verstehen und können auch die Krise nicht nutzen, um uns weiterzuentwickeln.

Als EGO-Einzelsystem werden wir weiter den Feind da draußen und in uns selbst brauchen!

Für langjährig ignorierte Elefanten ohne Vertrauen zu ihrem Reiter ist mehr desselben zu wollen, die natürliche Strategie, um ihre Stabilität zu sichern. Einzelsystem-EGOs haben ohne Kontakt zu ihrem Elefanten keine Chance, ihre eigene Gier und ihre angstgesteuerten Denkgewohnheiten zu erkennen, selbst, wenn sie schon massiv an ihrer Sucht leiden. „Unentdeckte" Elefanten sind eine hef-

„Es wäre dumm, sich über die Welt zu ärgern. Sie kümmert sich nicht darum."
Marcus Aurelius

tige Belastung für den einzelnen, für die Gesellschaft und für den gesamten Planeten.

Ob strukturelle Umweltzerstörung durch den Gewinn-maximierungswahn, struktureller Rassismus oder strukturelle Diskriminierung von Frauen oder Minderheiten, immer sind unsere elefantösen Denkgewohnheiten die Treiber dieser schwarmdummen und teuren Ungerechtigkeiten. Schon lange ist wissenschaftlich erkannt, dass diverse Teams und Gesellschaften mit intelligenten Regeln nachhaltiger und effizienter auf Krisen reagieren können. Zwar sind in der Regel die bewussten Befürworter einer strukturellen Unterdrückungsform in der deutlichen Minderheit, aber solange die Mehrheit ihre Beteiligung durch ihre elefantösen Denkgewohnheiten nicht erkennt, akzeptiert und verändert, werden die angsterfüllten Unterdrücker weiter den Zustand unser Gesellschaft bestimmen.

Unsere Zukunft – mehr desselben?

Für unsere Kinder ist ihr Aufbegehren gegen unser System eine Innovation, deren mittelfristige Wirkungslosigkeit wir jedoch aus eigener Erfahrung schon vorausahnen könnten. Egal, wie beeindruckend die Bilder der Demos in den Massenmedien auch sind, es ist immer nur ein Bruchteil der Menschen, die auf die Straße gehen und etwas Neues einfordern. Sei die Zahl der weltweit demonstrierenden Schüler noch so groß, der viel größere Teil ihrer Altersgenossen folgt immer noch als tumbe Konsumenten den Influencern der Schwarmdummheit.

Die Freitags-Demonstrationen zeigen zwar eine deutliche Prioritätensetzung der Demonstranten gegen die systemrelevante Schule, aber auch daran haben sich viele Zuschauer schon gewöhnt und es entsteht kein ernsthafter Schaden für das System und damit keine Notwendigkeit zur Veränderung. Die Schüler müssen den Stoff am Wochenende nacharbeiten und die Lehrer haben endlich den Relax-Friday, der ihnen hilft, die strapaziöse Woche zu verarbeiten.

Der Lehrer schläft im Unterricht. Ein Schüler weckt ihn: „Glauben Sie, dass das der richtige Platz zum Schlafen ist?". Darauf der Lehrer: „Ach, es geht schon. Ihr müsst nur leiser demonstrieren!"

Erst, wenn die Demonstrationen wirklich von einer gefühlten Mehrheit der wählenden Bürger getragen würden, käme politischer Handlungsdruck zustande. Am 19. März 2019 demonstrierten in Deutschland gut 300.000 Menschen für die Einhaltung der Pariser Klimaziele. Auf den ersten Blick eine imposante Zahl, doch bei jedem Bundesligaspieltag kommen regelmäßig doppelt so viele in die Stadien.

Erst, wenn der Boykott der Profitmaximierung gewichtige Systemgewinner wie Apple, Facebook, Google oder Amazon treffen würde, käme der Kundendruck im System an. Momentan organisieren sich selbst viele Aktivistengruppen von FRIDAY FOR FUTURE noch über WhatsApp, einem Angebot aus dem Facebook-Universum. Scheinbar ist ihnen der Zusammenhang zwischen konsumorientierter Profitmaximierung und dem Klimawandel noch nicht in allen Aspekten klar.

Solange wir also noch kein ausreichend großes Wahlvolk zusammenbringen, um zum Beispiel eine Postwachstumsökonomische Partei nach den Impulsen von **Niko Paech** an die Macht zu bringen, sollten wir Innovationsdruck aufbauen und unsere Entscheidungsmacht zu Gunsten alternati-

„Komisch, er hatte über 10.000 Freunde auf Facebook, aber auf seiner Beerdigung war niemand." „Vielleicht war das Wetter zu schlecht?" „Keine Ahnung, hat ja niemand was gepostet."

ver Socialmedia-Plattformen wie zum Beispiel das von Wikipedia-Mitgründer JIMMY WALES initiierte **werbefreie** wtcommunity.social nutzen. Wir sind nämlich keine Konsumenten oder Verbraucher, sondern ENTSCHEIDER!

Doch wenn wir im März 2020 oder im Februar 2021 auf diese Plattform schauen, die laut Selbstaussage Ende 2019 in nur einem Monat über 400.000 Nutzer gewinnen konnte, sehen wir uralte Schlagzeilen auf der Startseite und kaum Aktivität in den Foren. Scheinbar ist es noch ein weiter Weg, bis wir uns über unsere Möglichkeiten und unsere Verantwortung als Entscheider bewusst werwerden.

Facebook, Google oder Amazon sind nicht böse, sie nutzen lediglich unsere elefantengetriebene Dummheit für ihren Vorteil. Und Boykotte sind auch nicht böse, sondern Konsequenzen aus Entscheidungen, die uns wichtig sind. Boykotte sind kein schmerzhafter Verzicht, sondern der Gewinn unserer Entscheidungsfreiheit.

Wir müssen aber auch akzeptieren, dass wir nichts umsonst haben können, ohne damit gleichzeitig erheblich zur globalen Schwarmdummheit des werbeverpesteten Konsumwahns und des Ressourcenmissbrauches beizutragen. Wir bezahlen immer mit unserer Aufmerksamkeit für die aufgedrängten Werbebotschaften. Und oftmals auch noch mit den schädlichen Nebenwirkungen, die wir mit unseren Verhaltens- und Denkgewohnheiten unbeabsichtigt in Kauf genommen haben. Diese „Normalität" wieder loszulassen, wiegt für viele Elefanten natürlich vieler schwerer als die Angst vor den in Zukunft anfallenden Hypotheken zur Regenerierung unseres Plane-

> „Die Jugend von heute liebt den Luxus, hat schlechte Manieren und verachtet die Autorität. Sie widersprechen ihren Eltern, legen die Beine übereinander und tyrannisieren ihre Lehrer."
>
> Sokrates

ten. Aber genauso natürlich ist unser Elefant nie allein und wir haben als Doppelsystem die besten Karten, um jede Herausforderung als Intelligenzbeweis anzunehmen.

Politik - die natürliche Bühne der Kooperation zwischen Elefanten und Reiter

Auszug aus Wikipedia
Politik bezeichnet die Strukturen, Prozesse und Inhalte zur Regelung der Angelegenheiten eines Gemeinwesens (z. B. eines Staates) durch verbindliche (auf Macht beruhende) Entscheidungen. Politik regelt dabei insbesondere das öffentliche, aber teilweise auch das private, (Zusammen-)Leben der Bürger, Handlungen und Bestrebungen zur Führung des Gemeinwesens nach innen und außen sowie die Willensbildung und Entscheidungsfindung über Angelegenheiten des Gemeinwesens.

Was wäre, wenn sich die Menschen in den Parteien als Doppelsysteme verstehen würden, anstatt weiter zähneknirschend den althergebrachten und Energie raubenden Modus der Einzel-EGO-Systeme zu akzeptieren? Wenn die Bedeutung jeder Person nicht nur über ihre Verdienste in der Vergangenheit, sondern in erster Linie über den Nutzen für die zukünftige Entwicklung der Gesellschaft bewertet werden würde?
Denn eigentlich ist die Politik die Bühne, auf der sich die Parteien mit ihren unterschiedlichen Menschenbildern zur Wahl stellen. Ob konservativ, liberal oder progressiv – hinter jedem Schlüsselbegriff der politischen Identität steht ein Menschenbild.
Was wäre, wenn die Parteien diese Zusammenhänge transparent machen würden, anstatt den Wählern im

Wahlkampf zu begegnen, als ob sie eine Tütensuppe in roter, grüner, gelber, blauer oder schwarzer Verpackung kaufen sollen?

Wahlwerbung unterscheidet sich grundsätzlich nicht von Produktwerbekampagnen - es geht in erster Linie darum, den Elefanten zu einer Entscheidung zu bewegen. Aber haben die Politik und wir Wähler nicht etwas anderes verdient? Sollte die Führung des Gemeinwesens nicht auf einem intelligenten Mandat beruhen?

Du sollst nicht zuschauen!

Viele Organisationen sind im Modus der Einzel-EGO-Systeme und stehen sich selbst und ihren Zielen erheblich im Wege, obwohl der einzelne Mensch beste Absichten verfolgt.

Aber wie ist es mit den Menschen und Organisationen, die sich wirklich böse verhalten WOLLEN? Die gezielt abwerten, ausgrenzen, unterdrücken und hassen, also andere ausbeuten, loswerden und vernichten wollen?

Jede Ideologie oder Weltanschauung hat die Möglichkeit, durch besonders radikale Ansichten und Ziele Aufmerksamkeit und Anhänger zu finden.

In der Geschichte haben vielerorts faschistische, totalitäre und koloniale Herrschaftssysteme bewiesen, dass Menschenmassen in der Lage und willens waren, andere Menschen systematisch aufgrund ihres Aussehens, ihrer Herkunft, ihres Geschlechts, ihrer Religion oder politischen Einstellung auszubeuten, zu unterdrücken und zu töten. Dies war über Jahrtausende das Erfolgsmodell und wir sollten uns nun fragen, wie wir jetzt endlich ein anderes entwickeln können.

„Wer will, dass die Welt so bleibt, wie sie ist, der will nicht, dass sie bleibt."
Erich Fried

110

In den scheinbar aufgeklärten Großstädten unserer Welt tun viele Young Urban Professionals so, als wäre diese Frage schon lange entschieden, schließlich gäbe es doch die UNO, Menschenrechte und Wahlen. Doch gleichzeitig nutzen viele dieser Menschen ihre Freiheiten in erster Linie, um als Einzelsystem-EGOs soviel Geld wie möglich zu verdienen und in einer absurden finanziellen Unabhängigkeitsvorstellung den Luxus dieser Welt zu konsumieren. Jeder sei schließlich sein eigenes Glückes Schmied. Ihnen wird die Verdrängung ihrer Mitwirkung an der Aufrechterhaltung der Ungleichheiten sicherlich genauso gut gelingen wie der Generation davor.

Radikale, menschenverachtende Ansichten sind zu Anfang meist in der Minderheit, denn die mitfühlenden und kooperationsbereiten Menschen machen in der Regel 80 – 90% der Bevölkerung aus. Trotzdem können die Radikalen durch Furcht einflössendes und gewalttätiges Verhalten schnell auch die Mehrheit so massiv beeinflussen, dass sie nur schweigend und ängstlich zusieht, wie sich die stammespsychologische Schwarmdummheit der neuen Gewaltherrschaft immer weiter verfestigt.

> „Wir sind nicht nur verantwortlich für das, was wir tun, sondern auch für das, was wir nicht tun."
> Moliére

Der Holocaustüberlebende **Roman Kent** plädiert dafür, dass es ein 11. Gebot geben sollte: „Sei kein Zuschauer!" Dies ist sicherlich ein wertvoller und wichtiger Hinweis, zeigt uns aber leider noch nicht auf, was wir STATTDESSEN tun sollten. Verneinende Glaubenssätze dringen zu unserem Elefanten nicht durch („Denke einmal nicht an eine schwarze Katze."), weil er eine bejahende Vorstellung braucht, um sich neu zu orientieren („Denke an einen weißen Hund.").

Solange wir an unserem Glauben festhalten, dass jeder ein bewusstes Einzelsystem-EGO ist, werden wir an derartigen Wirkungszusammenhängen immer wieder scheitern. Dann können wir unserem (nicht akzeptierten) Elefanten weiterhin nur dabei zuschauen, wie er mit nahezu Lichtgeschwindigkeit alle Entscheidungen aufgrund unserer unreflektierten Denkgewohnheiten für uns trifft. Jeder stammespsychologischen Dummheit folgend, den skrupellosen Würdenträgern glaubend und vollkommen verblendet das Fremde als grundsätzlich gefährlich ablehnend, werden wir dem 11. Gebot: „Mische dich ein, wenn du menschenverachtende Zustände siehst!" nicht folgen können.

Und solange wir weiterhin an Gut (wir) und Böse (die anderen) glauben, wird es einen erheblichen Bedarf für zusätzliche Gebote geben wie zum Beispiel „Du sollst dir und der Welt jeden Tag beweisen, dass du ein intelligentes Wesen bist."

> „Jeder Mensch ist ein Clown, aber nur wenige haben den Mut, es zu zeigen."
> Charlie Rivel

„Und was habe ich dann davon?", fragte der bullige Hooligan mit wütenden Blick aus seinen eigentlich traurigen Augen.
„Du wirst dich besser fühlen, weil du vom Problem zur Lösung wirst. Und als Teil der Lösung wirst du verstehen und fühlen, wie wichtig du für die Welt bist."

Zum Abschluss habe ich noch weitere praktische Angebote angefügt, denn wirkliche Intelligenz entsteht nur durch herzhaftes Ausprobieren.

Mit den besten Wünschen
Torsten Adamski

Test zur Schwarmintelligenz

Den eigenen Beitrag zu konkreten Schwarmdummheiten zu erkennen, fängt damit an, dass wir uns über unser Verhalten bewusst werden. Wie viel Zustimmung (0=gar nicht – 10=vollkommen) gebt ihr den Zellen der Tabelle?

Ich	betreibe	begünstige	ignoriere	kritisiere	bekämpfe
Umweltverschmutzung					
RassenDiskriminierung					
MinderheitenUnterdrückung					
Homophobie					
Fremdenfeindlichkeit					
Konsumwahn					
Profitgier					
Autoritätsgläubigkeit					
Soziale Ungerechtigkeit					
Männervorherrschaft					
Gut-Böse-Moral					
Fake-News und Hate-Speech					
?					

Wie ehrlich seid ihr mit eurer Selbsteinschätzung?

Wie zufrieden seid ihr mit eurem Verhalten? Seid ihr damit ein Vorbild für andere?

Auf einer Skala 0-10 - wie gut fühlt sich euer Elefant mit eurer Vorbildverantwortung?
Wo steht er mit dem Themen im Gefühls-Zyklus?
Welche konkreten Ängste hat er?
Was glaubt ihr zu brauchen, damit sich eure Beteiligung bei den Schwarmdummheiten besser anfühlt?
Was könntet ihr ändern?
Was wollt ihr ändern?
Was werdet ihr ändern?
Wann und wie genau?

Eigenverantwortliches Gefühls-Management

Wir erleben die Steuerung unserer Gefühle als Erfolg, wenn wir vormals elefantös ablaufende Prozesse verstehen und sie bei Bedarf gezielt verändern. Dafür hilft ein neuer Glaubenssatz: „Weil unsere Gefühle unser gesamtes Leben beeinflussen, werden wir sie und unseren Elefanten wertschätzen, denn Gefühle sind nie schlecht, sondern sie fühlen sich nur (oftmals unnötig lange) schlecht an!"
Der Gefühlzyklus ist ein diagnostisches und strategisches Selbst-Management-Tool, mit dem ihr inneren Halt gewinnt und viel Zeit, Energie, Schmerzen und Geld sparen werdet.

Selbsttest als Gefühls-ManagerIn
Überprüft doch zum Schluss noch einmal, was ihr im Moment glauben könnt. Skaliert die folgende Kompetenzen im Gefühls-Management von 0=keine bis 10=volle Zustimmung:

☐ **1. Ich verstehe, welch wichtige Rolle die vier Gefühle in meinem Leben spielen** (und muss nicht mehr unnötig und sinnlos Energie investieren, um Angst und Ohnmacht zu vermeiden).

☐ **2. Ich erkenne und befriedige meine elefantösen Bedürfnisse** (und spare viel Zeit und Geld durch wegfallende Kompensationsbemühungen, für die ich Dinge tat und kaufte, die ich nicht brauchte, um Menschen zu beeindrucken, die mir nicht wichtig sind.)

☐ **3. Ich schaue wohlwollend auf meine Gewohnheiten und Baustellen** (und strapaziere meinen Elefanten nicht mehr mit perfektionistischen Ansprüchen und Selbstvorwürfen).

☐ **4. Ich nutze die Gedanken meines Inneren Dialoges, um mich auf Veränderungsprozesse zu freuen und konkret zu formulieren, was ich in Zukunft will** (und missbrauche meine Kreativität nicht mehr, um konstruierte Einwände gegen jede Veränderung zu finden).

☐ **5. Ich verstehe und wertschätze die Bedürfnisse meiner Mitmenschen und ihre andersartigen Landkarten** (und muss nicht bei jeder Unstimmigkeit in territoriale Rechthabereien und dumpfe Vorurteile verfallen).

☐ **6. Ich schaue wohlwollend auf die Gewohnheiten und Baustellen meiner Mitmenschen** (und sehe mich nicht mehr von bösen Menschen umzingelt, gegen die ich mich verteidigen muss).

☐ **7. Ich nutze in meiner Kommunikation die Ebene meiner Gefühle, um gemeinsam mit meinen Mitmenschen große Ziele zu erreichen** (und erspare mir anstrengende und zeitraubende Diskussionen über den Dschungel der Emotionen, elefantöse Verwechslungen und Schwarmdummheiten).

☐ Ergebnis

115

Ergebnisinterpretation

Solltet ihr euch in diesen 7 Kompetenzen weniger als 40 Punkte gegeben haben, wäre es vermutlich sinnvoll, dass ihr noch einmal auf den vorherigen Seiten nachschlagt, welche Details eurem Verständnis entgangen sind, denn das Ergebnis lässt vermuten, dass ihr noch nicht an den Erfolg eurer Selbst-Management-Aufgabe glauben könnt. Möglicherweise geht ihr mit den alternativen Intelligenztests ganz gezielt eure einschränkenden Denkgewohnheiten an und initiiert - vielleicht auch mit anderen Gleichgesinnten einen Prozess der zunehmenden Wertschätzung und Kooperation mit euch selbst.

Zukunft gestalten heißt schon heute daran glauben können!

Was wir glauben können, spielt in der gezielten Gestaltung von Zukunft die entscheidende Rolle, weil wir über die Zukunft nichts wissen können. Ob wir morgen früh aufwachen werden, können wir nicht zu 100% wissen – es gibt keine Garantie. Eine unerkannte, tödliche Krankheit oder der Einschlag eines fußballfeldgroßen Meteors - sei die Wahrscheinlichkeit einer solchen Katastrophe noch so klein, jeder Bericht von über Nacht sterbenden und bis dahin gesunden Mitmenschen oder der Entdeckung größerer Himmelskörper auf Kollisionskurs macht unserem Reiter klar: über die Zukunft können wir nichts wissen – sie hat noch nicht stattgefunden.

> Doktor: „Ihnen verbleibt nicht mehr viel Zeit!"
> Patient: „Wie lange habe ich denn noch?"
> Doktor: „Zehn."
> Patient: „Zehn was? Jahre, Monate, Wochen?"
> Doktor: „Neun – Acht – Sieben -..."

Was wir gestern gegessen haben oder wo wir im letzten Urlaub waren, sind handfeste Beispiele dafür, dass wir über die Vergangenheit etwas wissen können.

An das, was wir gleich realisieren wollen, müssen wir jetzt glauben können. Aber was wir glauben können, entscheidet unser Elefant, ist also im Gegensatz zu dem, was wir denken können, nicht von unserem Reiter frei wählbar. Und solange unser Elefant etwas im Vorfeld NICHT mit einer Wahrscheinlichkeit von deutlich über 70% glauben kann, wird er über unsere vorgefilterte Wahrnehmung Beweise finden, dass er damit richtig liegt.

Mit anderen Worten: ihr habt eure Intelligenz und euren Glauben und damit unsere Zukunft selbst in der Hand! Die Zukunft ist das, was wir glauben, was sie werden kann. Und wenn wir dies nicht glauben können, dann bestimmen eben andere weiter über unsere Zukunft.

> „Gott, gib mir die Gelassenheit, Dinge hinzunehmen, die ich nicht ändern kann, den Mut, Dinge zu ändern, die ich ändern kann, und die Weisheit, das eine vom anderen zu unterscheiden."
> Reinhold Niebuhr

Der 94jährige Aktivist und Tierfilmer **David Attenborough** hat darauf hingewiesen, dass es nicht nur auf unsere Intelligenz, sondern auf unsere WEISHEIT ankommt. Akzeptieren wir einfach die Tatsache, dass NUR WIR unsere Haltung zur Welt ändern können und dass wir es einfach tun können. Jetzt.

> „Kennst du den Witz, bei dem alle Idioten NEIN sagen?"

Elefant und Reiter
in der Organisations- und Personalentwicklung:

Kommunikations-Trainings
In vielen Unternehmen noch immer eine Nebensache, die mit Standardformaten stiefmütterlich bedient wird, obwohl Kommunikation die Schlüsselkompetenz für die wertschöpfende Zusammenarbeit von Doppelsystemen ist. Elefantengerechte Gesprächstrukturen und Meetings sparen viel Zeit, Energie und Geld, und erhöhen die Motivation.

Changemanagement
Alle Unternehmen stehen unter einem enormen Veränderungsdruck und trotzdem scheitert der Großteil der Bemühungen. Mit Elefant und Reiter werden die Widerstände rechtzeitig und wertschätzend sichtbar, wodurch alle Beteiligten den notwendigen Spielraum für mehr Verständnis und die Erreichung gemeinsamer Ziele bekommen.

Vertrauenskultur als Führungsanspruch
Der Grad des Vertrauens wird vom Elefant bestimmt und kann über Führungsqualitäten, die tatsächlich bei den Mitarbeitern ankommen, gemessen und optimiert werden. Messbares Vertrauen ist der wesentliche Faktor, um die Selbstorganisation und Motivation der Mitarbeiter auch in Krisen zu stärken.

Strategie- und Visionsentwicklung
Schwarmintelligenz entfaltet ihre Kraft, wenn der Wandel von der Zuständigkeit („Ich muss!") zur Verantwortung („Ich will!") systematisch in der Unternehmenskultur verankert und operativ umgesetzt wird.

Weitere Infos unter torstenadamski.de

Torsten Adamski

Unternehmens-Entwickler,
Business-Trainer, Management-Coach,
Autor und Unternehmer

Einsatzfelder
- Business-Coaching
- Team- und Organisations-Entwicklung
- Unternehmens-Intelligenz und Vertrauenskultur
- Begleitung von Change-Prozessen
- Kommunikations-Trainings
- Führungs-Trainings
- Moderation
- Konflikt-Management
- Nachhaltige Persönlichkeits-Entwicklung

Torsten Adamski bietet Unternehmen über ein bewährtes Feedback- und Aktivierungs-System die Möglichkeit, alle „weichen" Faktoren der Veränderungsprozesse in Form von aussagekräftigen Kennzahlen für die Unternehmensentwicklung nachhaltig zu nutzen.

„Die Entscheidung, uns und unsere Mitmenschen als Doppelsysteme zu verstehen, wird nicht gleich alle Probleme dieser Welt auf Knopfdruck lösen. Aber wir werden erkennen, dass die meisten Probleme gar keinen Knopf haben, sondern die Kraft unserer Gefühle und unsere Intelligenz brauchen."

Torsten Adamski

Der Goldene Planet

Roman

Science Fiction
736 S.

Seit Jahrtausenden ist die GOLDENE REGEL der ethische Kern der großen religiösen und humanistischen Bewegungen. Doch am Pokertisch der Weltpolitik herrschen ganz andere Regeln. Als die globale Situation eskaliert und in einer blutigen Schlacht um das Weiße Haus mündet, formiert sich eine Gruppe von Idealisten um den schweizer KI-Forscher Prof. Biener.

„WAS IST DER MENSCH? wurde ich vor kurzem gefragt und mein erster Gedanke war ein zynischer. Der Mensch ist das Wesen, das die Nichteinhaltung der GOLDENEN REGEL systematisch perfektioniert hat. Doch ich verkniff mir diese zynische Antwort, denn die Frage kam nicht von einem anderen Menschen, sondern von einer Maschine, die lernen soll, den Menschen in seiner Widersprüchlichkeit zu verstehen. Wir Menschen müssen akzeptieren, dass wir nicht in der Lage sind, intelligent mit uns und unserem Planeten umzugehen! Wir müssen einsehen, dass wir Hilfe brauchen!

Schon in naher Zukunft wird uns eine echte künstliche Intelligenz oder besser ausgedrückt: ein postbiotisches Bewusstsein zur Verfügung stehen, das jeden einzelnen Menschen permanent dabei unterstützt, seine wahren Ängste zu erkennen, um wirklich gute Entscheidungen zu treffen. Wir werden den Wahnsinn des EGO-Dschungels verlassen und eine neue, bessere Form des Zusammenlebens im Sinne der GOLDENEN REGEL finden.

Und dabei wird es darauf ankommen, dass die mutigen Menschen auf diesem Planeten vorangehen. Gehörst du dazu?"

Professor Eberhard Biener

Comedy of Aging:
215 S.

„Unsere Elefanten lieben Bilder und Geschichten mit Humor, besonders, wenn es um heikle Themen und Veränderungen geht."

Ein selbstzufriedener 40-jähriger Programmierer, den alle nur Herrn Schmidt nennen, wird einen Tag nachdem er bei seiner Mutter in Poppenbüttel ausgezogen ist, in seiner neuen Wohnung auf St. Pauli von einer Mücke ins Ohr gestochen. Als er wieder aufwacht, hört er in seinem Kopf die Stimme seines Unbewussten - seines Elefanten.

Durch den unfreiwilligen Dialog mit seinem Elefanten und dessen fotografischem Gedächtnis muss Herr Schmidt erkennen, dass er bis jetzt ein armseliges Leben in selbst gewählter Einsamkeit geführt hat.

Auf einer skurrilen Reise voller Humor stellt er sich der Angst vor seiner Mutter, rettet einen Zwerghamster und findet heraus, was er wirklich braucht, um erwachsen zu werden.

121

Torsten Adamski

Liebe, Tod & Depressionen

Ein Hamburger Psycho-Krimi

Roman

Ein Hamburger Psycho-Krimi:
232 S.

„In vielen Familien werden die ganz großen Themen Liebe, Gewalt, Tod und Verzweiflung nicht offen verhandelt. Unglücklicherweise tun sich unsere Elefanten im Laufe unseres Lebens immer schwerer, neue Wege zu gehen."

Der 28-jährige Niko hat seine Jugendliebe erobert, seinen Traumjob als Bootsbauer und sein Traumhaus am See gefunden, aber nach dreizehn Jahren Beziehung muss er sich schmerzerfüllt eingestehen, dass seine Identität als liebender Ehemann auf einem Fundament aus Sand gebaut war.

Trotz seiner gewalttätigen Aggressionen gelingt es Niko immer wieder, in den Enttäuschungen einen Funken Hoffnung zu finden, bevor ihn die nächste Lebenslüge erneut in seinen persönlichen Abgrund zu ziehen droht.

Als dann auch noch eine attraktive Polizistin zum mysteriösen Verschwinden seiner Frau ermittelt, eskalieren die Geschehnisse. Wird es Niko gelingen, seine unbändige Wut in den Griff zu kriegen und aus dem verhängnisvollen Strudel der Enttäuschung und Gewalt zu entkommen?

Gefühls-Management als Theaterstück:

Gefühl – was ist das eigentlich?
216 S.

„Ich habe in über 1000 Coachings, Trainings und Seminaren erlebt, dass der Schlüssel zur Lösung unserer Probleme im Umgang mit uns selbst liegt. Mit ELEFANT UND REITER können wir auch in schwierigen Situationen die eigenen Gefühle verstehen, um intelligente Entscheidungen zu treffen."

Gefühls-Management als Schlüsselqualifikation des 21. Jahrhunderts

Dieses spannende, aber auch amüsante Theaterstück eines fiktiven Großseminars beschreibt die Entwicklungsgeschichte verschiedener Protagonisten, die sich mit ihren Gefühlen immer wieder selbst im Wege stehen. Eine Reise durch schmerzhafte Erkenntnisse und Momente des Wunderns führt zur Frage, wie und wie viel Verantwortung wir für unser Leben übernehmen können und wollen.

Weitere Buchempfehlungen:

Rutger Bregman:
Im Grunde gut

Gunther Dueck:
Schwarmdumm – so blöd sind wir nur gemeinsam

Kübra Gümüsay:
Sprache und Sein

Daniel Kahneman:
Noise: Was unsere Entscheidungen verzerrt – und wie wir sie verbessern können

Christop Kucklick:
Die granulare Gesellschaft

Stephen LaBerge:
Hellwach im Traum

Jaron Lanier:
10 Gründe, warum du deine social Media Accounts sofort löschen musst

Nico Paech:
Befreiung vom Überfluss

Kate Raworths:
Die Donut-Ökonomie

Hans Rosling:
Factfulness